2030 未来のビジネススキル19

Future Business Skills 19

フューチャリスト（未来予測士）
友村 晋
Shin Tomomura

日経BP

まえがき

正解のない未来へのスキル

未来を予測する最善の方法は、自らそれを創り出すことである。

これは、僕の大好きな言葉で、パソコンの父と呼ばれる米国の学者アラン・ケイさんの言葉です。

ＣｈａｔＧＰＴをはじめとする生成ＡＩの登場は、あらゆる業界の人々から衝撃をもって受け止められました。

これで産業が活性化する、仕事の生産性が上がる、といわれる一方で、いよいよホワイトカラーやクリエーティブワーカーの仕事もテクノロジーに奪われる、といった危機感も大きくなったように感じます。

同時に、これからの時代にどんな仕事を選べばいいのか、どんなスキルを身につければ食べていけるのかと、将来への不安を大きくしているビジネスパーソンも多いことでしょう。

本書は、そのような不安を感じているビジネスパーソンに向けて書きました。

本書には、今後どれほどＡＩをはじめとするテクノロジーが進歩しても、テクノロジーに代替されることがない、半永久的にビジネスの世界から必要とされる20のスキルをまとめました（本書では19のスキルを掲載し、１つはシークレットスキルとして、本書をお買い上げいただいた方への特典動画として用意しました。詳しくは「あとがき」をご覧ください）。

従って、本書を読み終えた後は、生成ＡＩをはじめとするテクノロジーに仕事を奪われるのではないか、という不安から解放されているはずです。

漠然とした将来への不安から解放されることで、明日から何をするべきか見えてくるでしょう。不安がなくなるどころか、自分の市場価値を高めるための道筋も見えてきます。

なぜ、そこまで僕が言い切れるのでしょうか？

はじめまして。僕はテクノロジー・フューチャリストという仕事を生業としている友《とも》村晋《むらしん》と申します。

フューチャリストとは聞き慣れない仕事かもしれません。まだどんぴしゃりの日本語訳がありませんので、「未来予測士」や「未来予想家」と訳されることが多いです。

フューチャリストとは、テクノロジーがもたらす未来を予測し、経営者の傍らで経営戦略をアドバイスする軍師のような存在です。

同時に僕はユーチューバー（YouTuber）としても活動しています。ユーチューブ（YouTube）の『２０３０年の未来予測』チャンネルでテクノロジーやビジネス、子育て、教育などの未来について発信し、おかげさまでチャンネル登録者数は14・８万人（２０２３年7月26日現在）を超えました。

『２０３０年の未来予測』チャンネルでは、毎日多くの方からコメントを頂いています。それらのコメントを見て、いつも気になっていることがあります。

それは、僕に「正解」を求める質問コメントが多いことです。

例えば、

この資格を取っておけば将来稼げますか？

この業界に転職すれば将来安泰ですか？

少しでも有利な子供の習い事は何ですか？

などです。

この現象は、恐らく先が見えない将来への不安、および、正解ばかりを教える日本の学校教育の弊害ではないかと思っています。何事にも唯一の正解があると思い込んでいる人が多いのでしょう。そして、誰もがその正解を誰かに教えてほしい。なにしろ正解さえ教えてもらえれば、自分で考えたり思い悩んだりする必要がありませんから。

そのため、昨今では未来予測本がブームとなっています。それも占いのような抽象的なものではなく、学者がデータを基に予測したという、一応は合理的なので正解に違いないと思い込みたくなるような予測本が人気です。

しかし、経済学者や統計学者が既存のデータから予測した未来は悲観的な結果に言及している場合が多いため、一般的な人が読めば、ちょっと憂鬱になってしまうかもしれません。

しかもそれらの本を読んだところで、残念ながら自分のビジネスパーソンとしての今後の指針となる正解を見つけることはできません。

見つけられない理由は簡単、そもそも未来に正解など存在しないからです。

社会に出て正解を求める気持ちは分かります。

せっかく手に職をつけたり資格を取得したりして仕事に就いても、ある日突然、それらの仕事がテクノロジーに取って代わられてしまえば全くの徒労になってしまう、という不安がよぎります。

だから、多くの人が確かな正解を知りたがるのです。

そこで僕は、この先にどんな未来が待っていようとも、僕たちにはできることがある、未来を切り開くスキルがあるんですよ、ということをどうしても伝えたくなって、本書を書くことにしました。

正解はないと言いましたが、将来食いっぱぐれる可能性が低く、かつ限りなくビジネスパーソンにとっての汎用性があるスキルを考えて執筆しました。

つまりテクノロジー・フューチャリストとして、これからもテクノロジーに代替される可能性が極めて低い、20のスキルをまとめることにしたんです。

スキル名については、既に日本語として定着しているものもあれば、一見するとなんじゃこりゃ?と思うような変なネーミングのスキルもあります。これは既存のビジネススキルと違って未来のスキルであるため、まだ正式なスキル名がないためです。

本書を執筆するために僕が無理やり名付けた変なネーミングのスキルもありますが、なぜそのスキルが未来で必要なのかという要点だけでも理解してもらえればうれしいです。

アラン・ケイさんの言葉を借りて言わせてもらうと、本書を読んで僕と一緒に、自らの明るい未来を創り出しましょう！

本書の読み方

それでは本書の読み方を紹介します。

本書では、それぞれのスキルを、次の4項目で解説しました。

- 「スキル名」
- 「スキルの定義」（どんなスキルなのか）

●「未来に必要な理由」（なぜ今後もそのスキルが必要とされるのか）
●「身につける方法」（スキルの身につけ方と、身につける際の注意点）

スキル単位で完結していますので、ページ順に読む必要はありません。気になったスキルから読み始めていただいてもよいですし、自分に不足しているスキルだけを拾い読みしていただいても構いません。

もちろん、すべてのスキルに目を通していただければうれしいですが、最低限習得を目指してほしいのは20個のうち5つのスキルです。

自分が身につけたいと思うスキルでいいので、5スキルだけでも身につけることができれば、今後どれだけテクノロジーが進歩したところで、あなたがテクノロジーに仕事を奪われることはないでしょう。

本書が、あなたがビジネスパーソンとしてテクノロジーに負けない市場価値を手に入れる一助となれば、僕の目論見は大成功です。ぜひ、「なるほど、その手があったか！」と楽しみながら読んでください。

テクノロジー・フューチャリスト　友村 晋

目次

第2章 AIに代替できない「自分を魅せるスキル」

第3章 AIに代替できない「自分を見つめ直すスキル」

最終章　AIに奪われない「幸せを感じるスキル」

■本書を発行するに当たって、内容に誤りのないようできる限りの注意を払いましたが、本書の内容を適用した結果生じたこと、また、適用できなかった結果について、著者、出版社とも一切の責任を負いませんのでご了承ください。
■「断捨離」「地球カレンダー」は、登録商標です。

第1章

AIに代替できない「情報ハンドリングスキル」

スキル1

一次情報収集力

自分で体験して
獲得した
情報のこと

スキルの定義

自分で体験したり調査したりして一次情報を集める力

世の中の情報の多くが、ネット上の他の記事を参照して書かれたか、信頼度の低い噂レベルの情報源を根拠に書かれた二次情報あるいは三次情報です。

一方、一次情報とは、自分で体験して獲得した情報や、信頼できる調査を行って得た情報のことです。

そうした一次情報を獲得するスキルを「一次情報収集力」と呼びます。

未来に必要な理由

一次情報を発信できる人の市場価値が高まっていく

必要な理由①：生成AIの類似コンテンツであふれかえる未来

２０２２年11月末に公開され、わずか2カ月間でアクティブユーザー数が1億人を超えて話題になったＯｐｅｎＡＩの「ＣｈａｔＧＰＴ」。これは「生成ＡＩ」と呼ばれるテクノロジーで、人が書いたのと見分けが付かない自然な文章を生成できたり、多言語間を自在に翻訳したり、様々なプログラム言語のソースコードを生成したりできます。

この新しいテクノロジーは未来をどう変えるのでしょうか。「ライターやプログラマーなどプロの仕事がＡＩに奪われる」との報道が多くなされていますが、僕が注目すべきだと思うのは、プロの仕事が代替されることより、素人やアマチュアがＣｈａｔＧＰＴなどの生成ＡＩという武器を携えてプロの領域に参入しやすくなったことです。素人やアマチュアが一瞬で「それっぽい」記事を生成できるようになったんです。

ただ、ＡＩが生成する記事というのは、少し乱暴に言ってしまえば、世の中に公開されている情報の高度なパッチワークに過ぎません。そのような状況になればなるほど、実は「一次情報」を丹念に発信している人の価値が高まると僕は考えています。

例を挙げます。

コスメ分野ではどのメーカーもトライアルセットの販売でしのぎを削っており、ネットの主戦場は紹介記事を書いてトライアルセットをお薦めするアフィリエイトサイトです。アフィリエイターたちはこぞってコスメ記事を書いていますが、こうした記事は生成ＡＩがあれば量産可能で、あっという間に供給過剰になるでしょう。

このように供給過剰になればなるほど、人は信頼のある情報に集まります。現在でも、自ら試供品を取り寄せて実際に1カ月間試し、その様子をこまめに写真撮影して丹念な評価記事をコツコツと書き続けている人の記事は人気があります。

なぜか？

それは、その記事を書いた人が実際に体験した一次情報を記事にしているため信頼性が高いからです。

生成ＡＩで記事が供給過剰状態になった未来ほど、実体験（一次情報）に基づいた生々しくて信頼できる記事を人々は読みたくなります。その記事の文章がたとえたどたどしくても、自らの体を張った体験記事は、ＡＩが大量に自動生成した記事などよりはるかに重みがありますから。

必要な理由②：デザイン領域にも進出する生成ＡＩ

生成ＡＩが得意とするのは文章だけではありません。「Stable Diffusion（ステイブル・ディフュージョン）」や「Midjourney（ミッドジャーニー）」といった、画像を生成するＡＩも登場しています。それらにイメージ（例えば、「星空が広がる夜のプール」とか）をテキスト入力すれば、プロが描いたようなアーティスティックな画像を生成してくれます。

このような生成ＡＩを使えば、例えば新商品のパッケージデザイン案なども簡単に作成できます。イメージを伝えれば画像を自動生成できるのですから、もう絵が上手だとか、ＣＧを巧みに操る技術とかは、付加価値の高いスキルではなくなる未来がすぐそこまで来ています。

ここで僕が注目したいのは、画像制作の前に実施する「イメージ策定」です。

新商品のパッケージデザインを作成するに当たり、ターゲットとなる消費者層がどのようなデザインに購買意欲をそそられるのか、デザインと売り上げの関連性を分析した上で、どのようなイメージにするのかのコンセプトを立てなければなりません。

そこで、どんなコンセプトにしたらヒット商品になる可能性が高いか、そうした提案ができる過去の売り上げ実績（一次情報）を持っている人の価値が上がると思います。

ＡＩが生成した記事が世の中にあふれ、テキストでイメージを伝えれば見栄えのいい画像をＡＩが生成する。そんな時代になるほど、一次情報を発信している人は強くなっていくんです。

必要な理由③：一次情報は、お金を払ってでも知りたい

現在はユーチューブやＳＮＳ、ブログ、ウェブサイトなど、インターネットを中心にあらゆる情報が氾濫している時代です。

ただし、膨大に膨れ上がる情報の多くは誰かの情報をシェアしている情報であったり、一つの元情報が引用や流用、あるいは盗用（いわゆるパクりですね）により増えた二次、三次以降の情報であったりします。

紛らわしいのは、誰かの一次情報を流用した二次情報や三次情報をあたかも自分の一次情報のように発信する人が多いことです。

ですから、情報を発信する際には、自ら一次情報を発信するか、一次情報の裏付けを取った二次情報であることを明確にするなどしないと、情報発信者としての信頼を得ることが難しい時代になっています。

逆に言えば、一次情報を発信できる人や一次情報の裏付けを取ったことを明確にできる人こそが、情報が氾濫している社会で生き残れる人なのです。

それは、僕自身が本業で体現していると思っています。

僕が本業であるコンサルタントで継続的にお仕事を頂けているのは、常に一次情報を発信しているためだと考えています。

例えば、流通業のお客様から相談を受けたとき、最新トピックだった「無人コンビニ」の実態について話すためだけに渡米して、米国のシアトルにあるAmazon Go（無人コンビニの一つ）の店舗で実際にショッピングを体験しました（この様子は僕のユーチューブで公開しています。よろしければ、ご覧ください）。

ネット上にもAmazon Goについて、そのシステムを解説している記事は無数に存在しています。しかし、どれも二次情報や三次情報なんです。だから僕のように実体験に基づく一次情報を発信している人はとても信頼されます。

同じ無人コンビニ店の便利さを解説しているにしても、五感で体験した僕の解説は信頼性と説得力が格段に高まるわけです。

この体験をユーチューブやセミナーでお話しすると、皆さん大いに興味を持って耳を傾けてくれます。二次情報や三次情報は至るところに落ちていますが、「友村（筆者）が実体験してきた貴重な一次情報はお金を払ってでも知りたい」と思ってもらえるんです。

ですから、コンビニ業界は今後どうなっていくのか、日本では無人コンビニが普及するのだろうか、といった今後の予測を知りたいのなら、「実際に未来のコンビニを体験した友村に相談した方がよくね？」ってことになります。

このように、これから二次情報以下の情報が氾濫すればするほど、一次情報を持っている人の価値が高まるのです。

必要な理由④：自信を持って臨場感たっぷりに話せる

自分の発する情報に説得力を持たせるには、信頼できる権威ある情報を参照する必要がありますが、本当に説得力がある情報はネット上にはめったに出てきません。

僕はユーチューブによる集客のコンサルティングも行っています。同じようなことをしている会社はごまんとあり、実際、「YouTube　集客コンサルタント」とググればいくらでも企業が出てきます。

もちろんこれらの会社のすべてを調べたわけではありませんが、そうした会社が提供しているコンサルティング内容で多く見かけるのは、キーワードの見つけ方、それに対する市場の大きさに関する予測、集客に成功している動画の最適な長さ、編集の仕方などです。

どれもどこかで公開されているようなノウハウをまとめただけに過ぎませんから、説得力がありません。

なぜ、説得力がないかというと、これらの会社のコンサルタント自身が、自分たちではユーチューブのコンテンツを作って投稿し、運営したことがないからだと思います。

このような会社のコンサルティング料は月に3万~5万円が相場だといわれていますが、「クライアントの代わりにネットで調べました」というコンサルティングだから安いんですよね。

僕のコンサルティング料はその10倍以上になりますが、それでも継続的にお取り引きをいただけています。

そのコンサルティング料の裏付けは、僕自身が14万人以上のチャンネル登録者を持つ現役ユーチューバーであることです。

つまり、僕はチャンネル登録者を増やすための実体験（一次情報）を持っているから断然リアリティーが高いんです。

- チャンネル登録者を1000人にするまではこんなコンテンツが必要である。
- 1万人になったらどのようなコンテンツに変えていくべきか。
- 動画を編集するときには、余計な「えーと」や「あー」などはコンマ何秒でカットしないと視聴者が離れてしまう。
- 冒頭のつかみで何を話せば最後まで再生してもらえるのか。

これらは一例としてコンサルティングでお話ししている内容です。自分のチャンネルで試行錯誤しながら日々トライアルアンドエラーを繰り返しているので、もはや体感として分かっているんです。だからこそ、自信を持って臨場感たっぷりに語れるんです。

これも、一次情報だからこそ、なせるトーク技術です。

必要な理由⑤：社内で自分の意見が通りやすくなる

ここまで、一次情報を持っていれば情報発信者として臨場感が高まるというお話をしました。

一次情報の効果はそれだけではありません。情報発信者としての権威を獲得でき、その人が発信する情報は強い「説得力」を持ちます。

たとえ話として、僕が実践したことを一つ紹介します。

インドのガンジス川といえば動物の死体などが流れてくる横で沐浴する人たちの姿が思い浮かぶと思います。

多くの情報発信者（ウェブライターさんとか）がそのようなネット上の写真や記事などを参照して、「ガンジス川の水は決して衛生的であるとは言えません」などと記事を書いています。

このような方たちは誰かが書いた記事を参照しているので、「実際はどうか」と踏み込んだ情報を発信することはできませんし、そうした記事の読み手も「ああそうなんだ。バイ菌もあるし汚いだろうな」と思うだけです。

そこで僕は、インドに行った際に、沐浴をしているインド人に直接話しかけました。「日本人の僕が泳いだらどうなる？」って。そうすると「我々は日々ここで沐浴しているから、ガンジス川の菌質に耐性を持っている。けれども危険だから泳いだりしない。ましてやこの川の菌に耐性を持たない日本人が泳ぐのは絶対にやめておけ！」とアドバイスされました。

若気の至りもあって、アドバイスを無視して泳ぎ回りました。すると、体中に湿疹ができて大変なことになったんです。帰国後もしばらくは病院に通うことになりました。

だから僕がガンジス川の汚さについて語ると、一次情報を持っているので臨場感を持って伝えることができ、説得力のある話になります。

その結果、僕の体験談を聞いた人たちは、まるで自分の体にまで異変が起きたかのような臨場感を味わうことができるのです。少し気持ち悪くなるかもしれませんが。

これが、一次情報の「説得力」です。この力は、仕事で大いに役立ちます。

もう一つ、例を挙げます。僕が大好きなコントグループ「東京０３」の持ちネタに「同意見」というコントがあります。

どこかの企業の販売部門と思われる部署で、平社員が出した販売促進のアイデアを、上司の主任が「浅はかだ！」と即座に激しく否定します。

ところが途中で登場した部長（主任の上司）が全く同じアイデアを出すと、先ほどそのアイデアを徹底的に否定した主任が今度は手のひらを返したように「素晴らしい！」と絶賛するんですよ。

このことを理不尽だと思った平社員が主任に対して不満を述べると、「同じ意見でも平社員が思いつきで言うのと、経験と実績がある人が言うのでは重みが違うんだよ！」と言う主任の説明が正論過ぎて、平社員は言葉を失うというコントです。

コントですからかなりデフォルメされた筋書きになっていますが、現実の社会でも起きていることですよね。あなたにも心当たりがあると思います。

東京０３の公式ユーチューブで公開しているので、ぜひご覧ください。

一次情報を持っているビジネスパーソンがどれだけ影響力があるかを端的に伝えてくれます。

多くの人はチームで仕事をしています。そのメンバーが社内であれ社外であれ、一人で完結する仕事は少ないでしょう。

ほとんどの仕事は程度の差こそあれ、誰かと関わり合いながら進めているはずです。仕事を遂行するにはお互いの考えや持っている情報を伝え合い、納得し合う必要があります。

このとき、一次情報を含めた説得力を持っていることは、主張を通す上で大いに効果を発揮します。

身につける方法

まずは受け取った情報を疑ってみる

方法①：情報を疑う

一次情報収集力を鍛える第一歩は、ネットのニュースやSNSの情報をとりあえず疑ってみることです。

大手のニュースサイトが出している情報だから！信頼しているインフルエンサーが出している情報だから！とやみくもに信じるのではなく、まずは疑ってみることにより、一次情報収集力が上がります。

なぜかというと、①疑う→②真実を求め一次情報を探す（または自ら体験しに行く）、という自然な流れが出来上がるからです。

無意識に情報を見極めるトレーニングをしているわけですから、その記事が嘘か本当か見分けがつき、例えばフェイクニュースに踊らされなくなります。

フェイクニュースといえば、２０１６年に熊本で地震があったときに、動物園からライオンが逃げたという情報がＳＮＳで拡散されて騒然となりました。街中を歩くライオンの写真に、多くの人がおびえたでしょう。

でも僕は当時、「あ、これフェイクだな」とすぐに気づきました。多くの人が当時ライオンの影におびえていたかもしれませんが、僕はＳＮＳで情報が流れ出してしばらくして、「あ、嘘だな」と確信しました。

簡単な理由です。ライオンが街中を歩いているというのに、２枚目以降の写真が１枚も出て来なかったからです。

みんなスマホを持っているんだから、家の中や車の中、店の中などから撮影できるはずです。でも最初の１枚が投稿されてから、ライオンを撮った写真や動画が１つも投稿されない。

あまりにも不自然だと思いませんか？

これは、ライオンなどどこにもいないからです。つまり、最初で最後になったその写真は、合成だったということですね。

しかし当時、その投稿は1万回以上リツイートされ、熊本市の動物園にはなんと100件以上の電話がかかってきたそうです。

ちなみに、この件では、神奈川県に住む会社員の男性が熊本県警に逮捕されました。災害時にフェイクニュースを流し業務妨害をしたとして逮捕されるのは、全国で初めてだったそうです。

写真の真贋を見抜こうとするとき、ほとんどの人は写真の仕上がり具合に注目します。切り抜きが雑ではないか、影の方向が矛盾していないかなどですね。

しかし、そんなことを見極めなくても、2枚目以降が出て来ないというだけで、真偽は判断できます。

ロシアがウクライナに侵攻して間もない頃、ウクライナのゼレンスキー大統領が、兵士たちに武器を置いて投降しようと呼びかける動画が拡散されました。だけど僕はこれもすぐにフェイクだと気づきました。

だって、ゼレンスキー氏のツイッターでもウクライナの公式ページでも投降について全く触れていないんです。これほど重大な決断と呼びかけが行われたのであれば、必ず本人や政府が発表しているはずですよね。

つまり、画像や動画の加工の完成度を見極めるまでもなく、そのような情報が流れたからには、他でどのようなアクションが起きるはずだと予想できれば、すぐにフェイクと気づけるのです。

方法②：自ら体験する

それでは、どのようにして一次情報収集力を身につければよいのでしょうか。一番効果的なのは、「自ら体験する」ことです。

つまり、

一次情報収集力＝自分の五感で体験する力

と言ってもいいでしょう。

ネットで完結せず自分の五感（触覚、味覚、嗅覚、聴覚、視覚）を使って体験するということですね。

「そうはいっても、何から何まで自分で体験することは無理だよ」という声が聞こえてきますね。

ごもっともです。海外も含めた遠くの現地に行くことや、身体を張って体験することは、お金、時間、健康上の理由から難しい場合が多いでしょう。

自分で体験できない場合は、信頼できる発信元の情報を確認する習慣をつけることです。

例えば犯罪に関するリポートを作成するのであれば、警察庁が公開している統計データを参照するとか、経済動向に関する情報を発信するのであれば経済産業省が公開している統計データで裏付けが取られていることを確認するなどです。

実体験に取って代わる一次情報源として、信頼性が高く権威のある公共機関が公開している資料や各専門機関（国立研究所や学会、民間の研究所・調査機関、報道機関など）

が公開しているリポート、あるいは企業のプレスリリースなどがあります。

もっとも、公的機関が出している情報だから！政府が出している情報だから！と盲信するのも危険です。データを参照するなら、可能な限り信頼できる情報ソースを見極めましょう！ということです。

身につける際の注意点

アイデアやネタ出しの段階では個人のブログやＳＮＳ上の二次情報や三次情報をヒントにしても構いませんが、それらをヒントに情報発信する場合は、必ず前述の信頼できる権威ある情報源で裏付けを取ったことを明らかにしなければ信頼されません。

書籍も情報源としては有効です。でも、書籍なら何でもいいわけではありません。信頼できる権威ある著者によって執筆された書籍である必要があります。

一次情報の重要性を知らない人たちは、最初に目にした情報で簡単に踊らされてしまいます。思考停止状態に陥らないためには、常に一次情報を取りに行く習慣を身につける姿勢が大切です。

ネット上の記事を読むときは、ちゃんと取材した記者が書いているのか、専門家が解説しているのか。ウェブライターが書いているのなら、ちゃんと一次情報を参照したり引用したりしているのかを確認しましょう。

スキル2

課題発見力

スキルの定義　時代は、課題解決力から課題発見力へ

これまで学生やビジネスパーソンの間では、「課題解決力」が重要なスキルとして取り上げられてきました。とにかく「解決する力を身につけなさい」と言われてきました。

「課題解決力」という言葉の響きがかっこいい、ということも注目されやすい理由だったのでしょう。それで経営陣や優秀なマーケターなどが、盛んに口にしていました。

しかし、未来のスキルとして重要なのは「課題発見力」です。「解決力」ではなくて「発見力」。つまり、「なぜ?」と疑問を持つ力です。

未来に必要な理由

課題発見力は、新規ビジネスを生み出す

必要な理由①：解決はテクノロジーが担い、発見は人が担う

これまでは何か課題を発見すると、皆でよってたかって解決しようと躍起になってきました。しかし今後は、課題の解決はかなりの部分がＡＩやテクノロジーで対応できるようになります。

ＡＩであれば、例えばＣｈａｔＧＰＴなどの生成ＡＩは人の言葉で課題を投げかければ、人の言葉で解決策のたたき台となる選択肢を出してくれます。しかも瞬時に。

また、一例としてビジネスのシーンではＲＰＡと呼ばれるものがあります。ＲＰＡというのは「Robotic Process Automation」の略で、これまで人間がパソコンを使って処理していた作業工程をロボットが学習して自動的に処理してくれる技術です。

例えば勤怠管理をエクセルで記録して、それを集計したり給与計算に利用したり、あるいは営業部門の売り上げを集計して報告書を作成したりするなどの手作業が自動化されます。

実例として、第一生命保険では、オフィスの一角にパソコンが数台並んでいて、人はそれらのパソコンに触れることができない状態になっています。並べられたパソコンのモニターを見ると、エクセルなどが自動的に操作されて、事務処理をこなしているんですね。

それまで人が手作業で行っていた業務を、パソコン内のソフトが覚えて勝手に処理しているんです。このＲＰＡの導入によって、同社ではなんと年間15万7０００時間分のパソコン作業を自動化できたと発表しています※。

※日経クロステック『第一生命が年15万時間分の仕事をＲＰＡで自動化、秘訣は「優先順位付け」にあり』(https://xtech.nikkei.com/atcl/nxt/column/18/01061/021800013/)

手作業が自動化されるのはルーティンワークだけではありません。マイクロソフトが提供する「コパイロット」機能を使えば、パワーポイントでスタイリッシュなプレゼンテーション資料を作成するといったクリエーティブな作業も自動化されます。

例えば、「この文章を5枚のパワーポイントの資料に変換し、デザインは社内プレゼンテーション向けで、文字は少なめで大きく、画像を多めに使って」と命令すれば、一瞬でパワーポイントのスライドが出来上がるという機能です。これはコパイロットの機能の一例に過ぎません。

これまでなかなか自動化が進まなかったホワイトカラーの業務が、既に自動化され始めているんですね。

このようにテクノロジーが課題を解決してくれるようになりますので、人間に残された仕事は課題（社会の問題）を発見することが中心になると僕は思っています。

なぜかというと、ＡＩなどのテクノロジーは、「なぜ？」とは思わないからです。課題を与えれば瞬時で解決してくれますが、自ら課題を見つけ出すことはできません。テクノロジーは「これって、人間にとって面倒だろうなぁ！もっと社会の発展に貢献してあげたいなあ〜！」などと思ってはくれません。

例えば米国の小売り大手のウォルマートでは、売れ残りの廃棄処分を減らすためにダイナミックプライシングという技術を導入しています。これは、ＡＩがその日の天候や在庫の量、過去の売れ行きなどから、各商品の最適な価格を割り出し、自動的に商品棚のプライシングカードに表示する売値を変更するんです。

このような売値の調整は、これまで経験豊富な現場のスタッフが直感と手作業で行ってきました。

しかし、ＡＩ自体は「その作業は私の方が人間より得意だから私が代わりましょうか？」とは思ってくれません。人間が、「これって、ＡＩで自動化した方が廃棄を減らせるのではないのか？」と、課題として発見したことで初めてＡＩを導入することになるのです。

つまり、人間が課題を発見（廃棄をさらに減らしたい）し、テクノロジーが課題を解決（自動で売れる値段にリアルタイムで変更）しているんです。

見事なチームプレーですよね。

また、サッカーJ1の複数のチームは、AIを取り入れてチケット代を最適化し、チケットの売れ残りを減らす仕組みを導入しています※。

※日刊スポーツ『札幌がAIによるチケット価格の変動制を試験導入』（https://www.nikkansports.com/soccer/news/202010160000870.html）

これも人間が課題を発見したからこそ登場したシステムですね。

何度も言いますが、AIは「サッカーのスタジアムを満席にしてあげたい！」とは思ってくれません。そう思った人間のサポートをしてくれるだけです。

他にも道路の渋滞をなんとかできないか、と人間が課題を発見できれば、あとはＡＩにお任せです。

道路の交通量をセンサーで測定し、渋滞を解消するために最適な信号機の切り替え時間をリアルタイムで調整するようにＡＩに判断させれば、常に可能な限り渋滞が発生しにくい状況をつくり出すことができます。

つまり、課題解決はテクノロジーに任せて、人間は課題発見に注力するのです。テクノロジーとの分業ですね。

今はまだ渋滞の計算などを行う量子コンピューターは高額ですが、今後価格が下がって普及するようになれば、テクノロジーの課題解決力はさらに高まりますから、ますます人間は課題を発見することに注力することになります。

必要な理由②：新規ビジネスを発想できる人は食いっぱぐれない

企業は、課題を発見→解決→発見→解決を繰り返し、その対価を受け取ることで経済活動を成り立たせています。

先述の通り課題解決の部分は、テクノロジーによりかなり楽になってきているんですね。これ、言い換えれば、「もう、課題解決はあなたが苦労してやらなくてもいいよ」とあらゆる場面で言われるようになってきているんです。

ここで勘のいい人であれば、「課題発見力」というのは、すなわち新規ビジネスを発想する力だと気づいてもらえたと思います。

このたびのコロナ禍で僕がコンサルタントとして体験したのは、クライアントのほとんどがコロナ禍で既存ビジネスにダメージを受けたことです。

ちょっと売り上げが下がった程度の企業もあれば、売り上げが9割ダウンになってしまった企業もあります。いずれにしても、既存ビジネスはほぼダメージを受けました。

そこで新たなビジネスに活路を見いださなければならないのですが、皆さん、一様にアイデアが浮かびません。多くのビジネスパーソンが1から10や100にすることにはたけているのですが、0を1にすることができません。

つまり、企業には課題を「発見する力」が圧倒的に足りないのです。逆に言えば、課題を発見する力を持った人材が今後なんとしても企業には必要だと気づいたんですね。

課題発見力は新規ビジネスを発想するだけでなく、商品やサービスを生み出す力にもなります。

電気機器メーカーのダイソンが開発した「羽根のない扇風機」は、課題を発見したから生まれたヒット商品です。扇風機は100年以上前に発明され、発明当初から羽根が回っている製品しか作られてきませんでした。しかし扇風機が生まれた当初から潜在的に課題はあったのです。子供が指を入れたら危ないとか、羽根がすぐにホコリだらけになって汚いとか。

でも、誰もこのことが課題であると発見できませんでした。

つまり、羽根は必要なんだから指を入れないように注意すればいいよね、とか、汚れたら掃除すればいいよね、という現状維持の状態のまま思考停止していたのです。

世界中で扇風機の開発に携わってきた人は相当な人数がいたはずなのに、誰も気づかなかったのです。

しかしダイソンの開発者はそこに課題があることを発見しました。それで羽根のない扇風機が誕生したのです。

あらゆる市場が飽和状態になったといわれている時代には、このように課題を発見することができる人材は大変に貴重であることが分かると思います。企業にとっての突破口を作ってくれる人材ですからね。

身につける方法　「面倒くさい」と思ったら大チャンス

課題発見力を身につける方法は3つあります。

方法①：二度とトラブルが起こらない仕組みを考える

まず、ビジネスの現場においては、トラブルの発生はつきものです。当然、トラブルが起きれば解決します。課題解決は必然的な行為ですから、多くのビジネスパーソンが経験を積むのに合わせて課題解決力を必然的に身につけていきます。

しかし同時に、多くのビジネスパーソンは課題を解決する力を身につけたところで終わってしまっています。ここで、課題を解決したら、そこで終わらずに、さらにトラブルが二度と起こらない方法を考えるのです。

これが、課題発見力を身につけるための1つ目の方法です。なぜ、そのトラブルが起きたのかを考えることで、目の前の現象だけでなく、仕事を俯瞰《ふかん》して見ることができるようになります。

例えば会社で、あなたの部下に対してお客様から「接客マナーが悪い！」とクレームが入ったとします。このとき、あなたは上司として部下を伴ってお客様の元に出向いて謝罪し、事なきを得たとします。それで部下に対して「今後は接客態度に注意しなさい」と注意して終わったとしたら、それは対症療法に過ぎません。

「なぜ、このようなことが起きたのか？」と原因を追究して根本原因を探し出すことこそが、上司の仕事なんですね。それで、同じことが二度と起こらない施策を検討します。例えば、次のような原因と対策が考えられます。

原因：普段は接客マナーがいいのだが、その日はムシの居所が悪かった。
対策：部下の気持ちに共感してあげた上で、自分も過去に同じような失敗をして、どれだけ自分の評価を下げて損をしてしまったのか熱意をもって伝える。

原因：接客マナーは普段から良いとは言えない。
対策：プロの研修を受けてもらう（ただし一方的に研修を受けさせても無駄になるパターンが多いので、まずは接客マナーの重要性や、顧客の重要性を理解させてからにする）。

原因：もともと接客に向いていないことが分かった。
対策：今後は接客をしない仕事を任せる。

原因：キャパオーバーだった。
対策：仕事を減らし、余裕を持って仕事をしてもらう。

このトレーニングはビジネスの場に限らずプライベートな場でも行うことができます。夫婦間や家庭においてトラブルが生じたら、課題を解決するだけでなく、どうしたらトラブルが起きなくなるのかを考えるのです。

そうすることで、課題を発見する癖をつけていきます。

方法②：お店の経営者になったつもりで考える

映画館に行ったら映画館の経営者の目線で、旅行に行ったらホテルの経営者の目線で、レストランで食事をしたらそのレストランの経営者の目線で、どうしたらお客様が満足するのか、どうしたら今よりもっと繁盛店にして売り上げが増えるのかを考えるのです。

僕の場合は、コンサルタントとしての職業病で、プライベートでも利用した店の売り上げを増やす施策を考えることが癖になっています。

例えばプライベートで温泉旅館に泊まったときに、温泉に入って「気持ちがいいなぁ」と思いつつも、利用客が少ないように思えたら、「なぜ、宿泊客が少ないのだろう?」「どうしたら、予約で満室にできるだろう?」と考え始めてしまいます。

レストランで食事をしたときも、「こんなにおいしい料理を提供しているのに、どうして満席でないのだろう?」「どうしたらこのお店に行列を作れるだろう?」と考えます。

また、僕は仕事をするために朝からよく利用しているカフェがあるんですけれども、その時間に来ているお客様の顔ぶれっていつもほぼ同じなんですよね。みんな、僕も含めその時間にカフェで過ごすことがルーティンになっているんです。それでいて席は空き気味です。

すると僕は思うわけです。

朝のカフェはルーティンで利用しているお客様が多いので、月に5000~6000

円払ったら、毎日オープンから午前10時まではコーヒーを何杯でも飲めるようなサブスクリプション（定額課金）サービスを始めれば席が埋まるのではないだろうか、と。

方法③：「面倒くさいな」と思う瞬間を逃さないようにする

なにかの作業をしているときでも、あるいは手続きをしているときでも、「面倒くさいな」と思ったら、そのプロセスを改善できないだろうか、あるいは、そもそもこのプロセスは必要なのだろうか、と疑ってみるんです。

すると、その作業や手続きは、もっと効率よくできるかもしれない、という課題を発見することができます。もしかすると、既に本来の理由がなくなって形骸化した無意味な作業や手続きが、習慣として残っているだけであることを発見できるかもしれません。

「面倒くさい」は本来ネガティブな気持ちですから、上司や先輩たちから「面倒くさいなどと思わずにちゃんとやれ。仕事をナメるな！今までもそうしてきたのだから」と言われているかもしれません。しかし「面倒くさい」ことには課題を発見するチャンスが隠れている可能性が高いのです。

ですから、「面倒くさい」をネガティブな気持ちだと否定するのではなくて、「これは課題が埋もれているかもしれない」とポジティブな気持ちに変換しましょう。

以上の3つの習慣を身につけることで、課題発見力は高まります。

身につける際の注意点

課題発見力を鍛えるには「なぜ？」と思う癖をつけることが大事だと言いましたが、ここで注意が必要です。

それは2段階に分けて「なぜ？」と考えるようにすることと、疑問に対してすぐグーグル先生（グーグル検索）に答えを求めず自分で仮説を立てることです。

トヨタ式で「5回のなぜ?」を繰り返せたらすごいですが、まずは2回を目指しましょう。

例を挙げます。

インドネシア政府が首都をジャワ島のジャカルタから、カリマンタン島のヌサンタラに移す計画を発表しました。移す理由は、地盤沈下と中央集権的な地理が原因だそうです。ジャカルタは都市面積の約60%が海抜ゼロメートル以下にあり、なんとこのままでは2050年に水没するとの専門家の意見もあるそうです。

ここまでは日本でも報道されているので、首都移転の「なぜ?」(1回目のなぜ)を知ることができました。

多くの人が「首都が移転することと、その原因」を同時にニュースで知ることができ、また一つ教養が増えたと満足します。

しかしここで終わらないようにしないと課題発見力は身につきません。

つまり、2回目の「なぜ?」を考えます。ここからは自分の頭で考えます。

地盤沈下は分かるけど、もう一つの原因とされる「中央集権的な地理」って何が問題なの?

そうすると、

- 渋滞がひどいからなのかな?
- インドネシアはイスラム原理主義者による爆弾テロも起こった経験があるから、やっぱり主要施設を島々に置き、政府としてリスク分散しておきたいのかな?

などと考えが浮かんできます。こうやって2回「なぜ?」を考える癖をつけるだけでも物事の本質が見えてきます。考えた後は、専門家が意見を言っているニュースサイトなどで詳しく答え合わせすればいいと思います。

注意点として大事なことは、すぐにググらず「なぜ？」を2回繰り返すことです。

スキル3

レコメンド拒否力

「自分には不要」
と拒絶する
ことも必要です

スキルの定義

AIのお薦めをそのまま受け入れないスキル

パソコンやスマホを使っていると、様々なアプリやネット上の企業サイトなどからお薦めの商品やサービスの情報が提示されます。これはあなたの購入履歴や閲覧履歴、さらに属性（年齢や性別、居住地域）などを基に、「今、この人にこの商品やサービスを薦めれば買う確率が高い」と自動的に分析された商品やサービスが表示されているのです。

代表例がアマゾンの「よく一緒に購入されている商品」や、ネットフリックスの「あなたにオススメ」機能です。

こうした機能をレコメンド（推薦）機能と呼びます。このレコメンド機能に薦められた商品やサービスに対して、薦められるままに買ってしまうのではなく、冷静に検討して「今の自分には不要だ」と拒絶するスキルが、「レコメンド拒否力」です。

生存に関わる本能まで劣化させてしまう

未来に必要な理由

必要な理由①：世の中がレコメンドだらけになり、お金も時間も精神も奪われる

既に従来の広告（新聞、テレビ、チラシ、ウェブ上のバナーなどの広告）の効果が下がってきていることから、2030年の未来には、世の中がレコメンドだらけになることが予想されています。

パソコンやスマホだけではありません。駅やショップ、街角などでディスプレー上に広告を表示しているデジタルサイネージという広告装置がありますが、これも2030年には、近づいてきた人の属性（推定年齢、性別、服装、体格など）をカメラで解析し、最

適な広告を表示するレコメンド機能が備わるでしょう。

企業としては、継続的な売り上げを確保するために、お客様に浮気されないようにいかに囲い込むか、そしてサブスクリプションなどの契約につなげるかが重要になってきます。

そのためにも、レコメンド機能をフル活用してお客様の財布のひもを緩ませる活動が激しくなってきます。

あなたも既にレコメンドされることに慣れているかもしれませんね。レコメンド機能が発動するのはECサイトの商品だけではありません。ニュースの記事やユーチューブの動画も、アマゾンプライムビデオやネットフリックスなどでも、あなた好みにカスタマイズされたコンテンツが薦められているはずです。

また、リアル店舗でも、アパレル店やメガネ店でバーチャル試着やバーチャルコーディネートが行われ、あなた好みの服やあなたの顔や髪形に似合うメガネを薦められるようになっていますよね。

さらに、スマホで冷蔵庫の中を撮影すれば、そこに入っている食材を認識し、それらを活用したレシピをレコメンドしてくるアプリも登場してきました。

もう、なんにも悩む必要がないんです。迷ったらレコメンドに従えば楽なんですから。

少し前までは、レコメンド機能を開発して実装できるのは大手企業だけでしたが、現在は月額5万円ほどからレコメンド機能のエンジンをレンタルできるようになりました。このレンタル料は今後数年で月額1万円や数千円に下がるでしょう。

これからは、企業規模に関係なくレコメンドしてくるようになります。

つまり、これからのビジネスは消費者の限りある可処分所得だけでなく、可処分時間や可処分精神の奪い合いになってくるんです。

レコメンドされることで、消費者は商品やサービス、あるいはコンテンツを探したり選択で迷ったりする時間や考える手間を節約できるようになります。

その結果、自分で探して選択する力が奪われ、さらに3つの弊害（お金、時間、精神のすり減らし）にさらされることになります。

必要な理由②：視野が狭くなり考えが偏る

「エコーチェンバー（echo chamber）現象」という言葉があります。エコーは反響でチェンバーは小部屋です。これはSNSなどで似たような考えや知識、感性を持った人同士が仲良くなって集まり発言し合っていると、まるで自分たちの考えや知識が世の中の主流であるかのように思えてしまう現象です。「ネットでもみんな言っているよね」って。

心当たりはありませんか？

その結果、視野が狭くなり思考にバイアスがかかるようになります。

以前、教育学者の齋藤孝さんが、「教養とは自分の専門以外の人と楽しく会話できること」というような意味のことをおっしゃっていました。

自分の専門性に磨きをかけることも大切ですけれども、仕事や社会は多様な人たちで成り立っていますので、「自分の専門以外のことなど知らん」ではまずいわけです。

あなたのスマホでレコメンドされる情報は、ＡＩが勝手に学習したあなたが好きな情報ばかりです。そのような情報ばかりに触れていると、いつの間にかエコーチェンバー現象に陥ってしまう可能性があります。

必要な理由③：考える力が低下する

テクノロジーとの共存は大切なテーマです。テクノロジーの恩恵を享受するにもスキルが必要です。しかし、レコメンド機能に関しては「もう、ここから先は必要ない」という一線を自分で決めておく必要があります。

そうしなければ、自分で調べたり探したり、あるいは自分で選択する際に必要な思考力がどんどん劣化してしまいます。運動しないと筋力が衰えるように、カーナビを使うと地図を覚えないように、です。

レコメンドをすべて拒否する必要はありません。うまく活用しましょう、ということです。

例えば僕の場合は、アマゾンで本を買うときに、「よく一緒に購入されている商品」や「この商品に関連する商品」「おすすめの本」が表示されているのは非常に有益なんです。

書店では気づかなかったけれども、今の自分に必要な本が確かに表示されているんですね。

ですから、このレコメンドは僕にとっては許容範囲です。活用しようと思っています。

しかしメガネ店でメガネをバーチャル試着し、「このメガネのあなたへの似合う度は80％です」などとレコメンドされるのは、大きなお世話だと考えているんです。

似合うかどうかをテクノロジーに判断してもらわなくても、メガネくらい自分のセンスや好き嫌いで選ばないでどうする！と。この類いのレコメンドを受け入れ出したら、感性も判断力もどんどん劣化していくのではと思うと怖くなります。

このような自分なりの線引きをしておかないと、なんでもかんでもレコメンドされることに依存してしまうようになり、考える力が低下します。

冷蔵庫の中の写真を基に、「これらの食材なら、この料理を何人分つくれます」とＡＩはレコメンドしてくれますが、それに頼るようになってしまうと、自分で料理を考える能力が低下してしまいます。

また、アマゾンのアレクサに「今日の天気は?」などと話しかけたときに、アレクサが声の調子から「喉の調子が悪いようですね。喉あめを購入しませんか?」とレコメンドする仕組みの特許が取得されました。

このような機能をオンにしたまま生活すると、自分の体調の良しあしの判断までAIに依存するようになってしまいます。これはとても怖いことです。本来は自分の感覚で体調を把握するという生存に関わる本能まで劣化させてしまう危険があるからです。

ただし、このようなテクノロジーも使い分けが必要で、例えば暑さ寒さに鈍感になった高齢者の熱中症予防に活用することは有益だと思います。放っておくと水分補給を忘れてしまう高齢者に対して、「そろそろ水分を補給しましょう」や「部屋の温度が高くなっているので冷房を使ってください」などと助言する機能には頼った方がいいのです。

現在の自分に適したレコメンドの許容範囲を自分なりに決めていく必要があります。

必要な理由④：レジリエンスが低くなる

レコメンドの精度が高まるにつれて、人は失敗する経験が激減します。買い物で失敗しなくなれば、「あ、これは買って損したな」と悔しがる体験がなくなります。

失敗しなくなると、当然ながら、反省して立ち直る機会が減ります。

その結果、レジリエンスを鍛える機会を失うんです。レジリエンスは本書の10番目のスキルとして詳しく解説しますが、簡単に言うと「失敗から立ち直る力」です。

レジリエンスが低下すると、ビジネスなどでなにか失敗をやらかしたときに、めちゃくちゃ凹んでしまい、立ち直れなくなってしまうんですね。

それで、「ここはなんとしてでもやり抜くぞ」や「どうにかして解決してみせるぞ」と諦めない意欲も低下してしまいます。

最も低下してしまうと怖いのがサバイブする意欲です。サバイブするとは「生き残る」ことですね。サバイバルゲームのサバイブです。

人はサバイブする意欲を高めたときに、最も脳が思考します。生存本能に直結しますからね。しかし、そもそもレジリエンスが低いと、失敗から立ち直れませんので、諦めモードになり、サバイブする意欲すら湧いてこないかもしれません。

サバイブといえば、一つ、僕の実例を挙げたいです。

僕は以前、テントと寝袋を持っていわゆるママチャリで東京から実家の広島県呉市まで帰ったことがあるんです。言っておきますが、これは罰ゲームでもなんでもありません。ただやってみたかったからやっただけです。

記憶が曖昧になっていますが、13泊14日ほどかかったと思います。しかも最短距離で移動したわけではなく、途中で名古屋から岐阜県の白川郷を通り、石川県の兼六園まで行き、ついには京都の舞鶴を通って兵庫県の姫路に至り、そこから再び西に向かって広島を目指しました。

しかも、ただママチャリを走らせたのではなく、いかにお金を使わずに達成できるかも目標にしていたんです。

この道中、岐阜の山中で夜中になってしまったのですが、周りに誰もいないようなところでタイヤがパンクしてしまったのです。見回しても民家一つありません。

——これはまずい！

実はそれまでにも何度かパンクを経験していたのですが、いずれも近所の民家でバケツと水道をお借りし、バケツに水を張ってタイヤのチューブを沈めながら、気泡が出る箇所を探して自分でパンクの修理をしていました。修理セットは持っていたのです。

しかし、民家も見つけられない夜中の山中。大ピンチです。

このようなピンチになると、人は脳をフル回転させます。とにかくパンクした箇所を特定するために、水を入れた器が必要です。

――人里離れた山の中といえば、不法投棄にもってこいだ。

そう思って探すと、案の定、ゴミが捨てられている場所を見つけました。しかし器がありません。

――お、ペットボトルだ。これは使えるぞ。

2リットルサイズのペットボトルを拾ってきて、持っていたナイフで縦に切り分けました。それで器ができました。そして、今思えば怖くなりますが、そのときは無我夢中で山中をさまよいながら沢を探したのです。

運良く、遭難することなく沢を見つけ、ペットボトルの器に水をくんで自転車に戻り、懐中電灯の明かりを頼りにチューブから気泡が出ている箇所を見つけ出し、なんとかパンクを修理したのです。

ピンチだ！と思うと、人は頭がフル回転します。

この体験は、レコメンドされる簡便な生活の真逆に位置しているんですね。何から何まで自ら脳に汗をかいて試行錯誤しなければならない。

テクノロジーにレコメンドされないその強烈な不便さが、レジリエンスを強靭《きょうじん》にするんです。

身につける方法　デジタルデトックスと紙媒体

レコメンド拒否力を身につける方法は２つあります。

方法①：デジタルデトックスする日を設ける

アウトドア用品ブランドのSnow Peak（スノーピーク）という会社があります。この会社が掲げる企業メッセージの一つに「文明によって失われた人間性を、自然の力によって回復する」というものがあります。

僕はフューチャリストとして、この考え方がますますデジタル社会で人々の共感を呼ぶと感じています。

つまりコロナ禍で三密を防ぐために一気にブームになったキャンプブームは、一過性のものではなく、今後も続くと予想しています。

スマホの電波の入らない大自然に定期的に行き、デジタルデトックスして、じっくり自分の五感だけで楽しい時間を過ごし、不便を大いに楽しみ、人間力（ここでいう人間力とは、デジタル機器に頼らず自分の五感だけで感性を磨く力）を回復してみてはどうでしょう?

定期的に大自然に出かけるのが難しければ、スマホを持ち歩かない日を意識してみてはいかがでしょう。スマホをサイレントにして持ち歩くとか、機内モードにして持ち歩くのではなく、スマホを家に置いて外に出るのです。

海外には、デジタルデトックス専用という面白いコンセプトのホテルがあります。宿泊客はパソコン、スマホなどのデジタル機器はすべてフロントに預けないと宿泊できないシステムになっています。

方法②：新聞や雑誌、書籍などの「紙媒体」を利用する

もう一つの身につけ方として、紙媒体を意識するという方法があります。

レコメンドの怖さは、気づかないうちに徐々に僕たちの脳を侵食していくことです。気づいたら、いや、気づかないうちに思考力が低下し、視野狭窄《きょうさく》に陥っています。

商品やサービスのレコメンドは、もしかしたらある段階で、「あれ、なんか最近、レコメンドされるままに買わされている気がするなぁ」と気づくかもしれません。なにしろ商品やサービスを購入すれば、その分出費がかさみますので、「ちょっと買い過ぎじゃない？」と気づく可能性があります。

むしろ怖いのは、ネットニュースやSNSなどの情報です。

これらの情報の怖さはエコーチェンバー現象として説明しました。偏った意見や間

違った情報が、あたかも主流派の意見であったり事実であったりすると思えてしまう状態に陥る可能性があることだと。

もう一つは、検索エンジンのアルゴリズムが、見たくない情報を遮断してしまうフィルター機能を提供していることです。その結果、人は見たい情報しか見られなくなっているのです。この状態は、あたかも泡に包まれているようにイメージできることから、「フィルターバブル（filter bubble）」と呼ばれています。

エコーチェンバー現象やフィルターバブル現象の弊害から脳を守るレコメンド拒否力を身につけるには、エコーチェンバーやフィルターバブルをかけられない媒体に接することです。具体的には新聞や雑誌、書籍などを読むことです。

ネットニュースやSNSでは、偏った情報ばかりが表示されるようになっても気づきにくいんですね。一方、新聞や雑誌、書籍は、読者ごとにレコメンドできませんから、当然ながら興味がなかった情報や自分とは反対の考えの情報も取り上げられており、それらを半強制的に見せられることになります。

その結果、エコーチェンバーやフィルターバブルの弊害から逃れやすくなります。

身につける際の注意点

とはいえ、やはりネットで最新情報を得て、検索できる利便性は捨てがたいですよね。

そこでお薦めなのが、プライベートブラウジングという方法です。それぞれのブラウザーやスマホでの設定は調べてほしいのですが、パソコンのブラウザーでもスマホのブラウザーでも、プライベートブラウズモードを設定することができます。

プライベートブラウズモードとは、閲覧履歴を残さないでブラウザーを利用できるモードです。つまり、ユーザーの指向性が反映されずに、常にまっさらの状態でブラウザーを利用できるんです。

その結果、何かをスマホで検索しても、ユーザーの指向性が忖度《そんたく》された偏った結果にはなりません。

あなたのバイアスがかかっていないまっさらな状態で検索や閲覧ができるんです。

スキル4

テクノロジー駆使力

テクノロジーを
受け入れて
活用すること

スキルの定義

テクノロジーを味方にしてうまく使いこなすスキル

先ほど述べた「レコメンド拒否力」と矛盾するようですが、そんなことはありません。「テクノロジー駆使力」とは、テクノロジーに嫌悪感を抱かずに、受け入れて、柔軟に活用できるようになるスキルです。

テクノロジーに嫌悪感を抱くとは、例えばＡＩが自分の仕事を奪うのではないかと敵対視したり、人が地道に努力してこそ仕事には価値があるなどと感情的なこだわりを捨てられなかったりすることです。

テクノロジーは、自分の仕事を補完するパートナーであり助手であり、あるいは秘書であり部下なんです。そうしたテクノロジーを味方として共存関係を認めてうまく使いこなし、生産性を高めるスキル、それがテクノロジー駆使力です。

プログラミングをマスターしよう！など、ハードルの高いスキルではないのでご安心ください。

未来に必要な理由　文明は、便利な方向に一方通行

必要な理由①：テクノロジーにできることはテクノロジーに任せる

既に実感されている方も多いと思いますが、仕事ができるビジネスパーソン、出世していくビジネスパーソンは、どんどんテクノロジーを活用して業務を効率化し、生産性を高めていますよね。

出世して忙しくなった人こそ、さらに仕事の生産性を高めるためにテクノロジーを勉強しているのでしょうか？

僕はその逆だと思います。

テクノロジーを駆使して業務を効率化して生産性を高める

↓

時間が浮く

↓

浮いた時間で自分にしかできない付加価値の高い仕事をする

↓

その結果、出世する

この流れが、これからの出世の基本公式になると思っています。

このような人たちは、自分に仕事が与えられると、まずテクノロジーで効率化できるプロセスはないだろうか、と考えます。

例えば、定型化できる作業であればＲＰＡを利用できないだろうかと考えますし、企画のプレゼンテーション資料を作るためにＣｈａｔＧＰＴのような生成ＡＩで原稿（たたき台）を作成しようなどと考えて、自分でなければできないプロセスがどこにあるのかを見極めようとします。

自分の収入を高めたり地位を高めたりしようとするのであれば、必然的にテクノロジーにできることはテクノロジーに任せることになります。それで浮いた時間に、自分でなければできない仕事に労力を集中し、その人ならではの成果を出していくのです。

第四次産業革命を引き起こすきっかけは、ＡＩを中心としたテクノロジーです。

この第四次産業革命は過去3回の産業革命以上のインパクトがあるといわれていま

す。そのような変革期に「自分はＡＩなんかに負けない」などという考え方は損です。

この考え方は、一見勇ましいですが、ＡＩをはじめとするテクノロジーとの共存が必要な時代に後ろ向きだと言えます。

自動車という便利な交通手段が誕生したにもかかわらず、「自分の足で歩くことこそ意義がある。俺は自動車になんぞ負けない」と意気がりを見せているようなもんです。

ＡＩは敵ではありません。共存すべきテクノロジーですし、人を主とした主従関係であることを忘れてはいけません。

ですから、ＣｈａｔＧＰＴを触って、「まだまだ大したことない、俺の方がすごい」と言っている場合ではなく、ＡＩを優秀な助手や秘書として使いこなす側に回るべきです。

そろばん→電卓→ワープロ→パソコン→ＡＩ

このような延長線上にあると考えれば、人間との主従関係は明らかですよね。

自分がやらなくてもできる仕事はどんどんＡＩに任せる。浮いた時間を自分でなければできない仕事に割り当てればいいんです。

そのようにしているうちに数年がたち、気がついたら「あれが人類４回目の産業革命だったなぁ」と有識者が歴史を振り返っているものです。今、僕たちは人類史上４度目の産業革命の渦中にいると考えるべきなんです。

「ＡＩなんて、まだまだじゃん」などと、うかうかしていられません。

ビル・ゲイツ氏も「現在我々がＡＩにはできない、と考えていることは近い将来できるようになるだろう」と言っています。

テクノロジーは、進化のスピードがどんどん速くなる「収穫加速の法則」が働きますから、僕たちの予想を超える速度で進んでいきます。そこを見誤ると痛い目に遭います。渦中にいるとパラダイムシフトに気がつきにくいものです。五感を研ぎ澄ましてアンテナを張り、時代の変化を感じることが大切です。

そのためにも、既にお話しした一次情報収集力を磨く必要があります。

必要な理由②：ラッダイト運動は何も変えられない

このような時代に、最も避けるべきは「ラッダイト運動」です。ラッダイト運動とは第一次産業革命のさなかに英国の工業地帯で起きた、工場の機械をハンマーなどで破壊した運動です。

作業が機械化されたことで仕事を奪われたり賃金が下がったりしたと考えた人たちが、自分たちの権利を主張する手段として、工場の機械を壊しまくったんですね。「こんな機械が登場したせいで俺の仕事がなくなった！　壊してやる！」という感じだったのだろうと思います。

このラッダイト運動から、今では職場に新しいテクノロジーを導入することに反対したり使いこなせなかったりする人たちのことも「ラッダイト」と呼ぶようにもなっています。

しかし、歴史が証明していますが、ラッダイト運動は意味がなかったんです。

このような破壊活動をしても、文明の進化は止まりません。

文明の進化というのは、便利な方向に一方通行で進んでいき、不可逆的なんです。

便利な方向が必ずしも幸福に向かっているとは言えませんが、とにかく後戻りはできません。逆らったって駄目なんです。

例えばアマゾンをはじめとするオンライン書店が登場したことで、この20年で書店の数がおよそ2万1000店舗から1万1000店舗に約半減してしまいました。

僕たちの本の買い方は非常に便利になったんですね。しかし、同時に書店で働いていた人たちや書店の経営者たちは、仕事を失ったかもしれません。

では、僕たちは、本屋さんがかわいそうだからという理由で、オンラインで本を買う習慣をなくせるでしょうか？　なくせませんよね。

これが文明は便利な方向に一方通行で不可逆という意味です。

あるいはウーバーやディディ、グラブなどの登場で僕たちの海外での移動は非常に便利になりましたが、その一方でタクシー会社が倒産に追い込まれているんです。

グラブに関することで、僕にはとても印象的な出来事があります。

先日家族でマレーシアを訪れたときに、空港でベビーカーをなくしてしまったんです。3人の子供がいて、一番下の子は2歳でよく寝るんです。抱っこしたりおんぶしたりして移動するには体重があり過ぎます。

それでマレーシアにいる友人に電話で事情を伝えたところ、「それなら今からベビーカー届けるから」と言います。

そして実際に、20分もするとグラブでベビーカーが届きました。なんと彼女が自宅で余っているベビーカーを僕が泊まっているホテルにグラブを使って送り届けてくれたんです。

非常に助かり、感動しました。なんて便利なんだろうと。スマホのアプリをちょこっと操作するだけで、問題解決です。

グラブは、仕事帰りなどに移動するついでに荷物を運ぶだけでお小遣いが稼げますし、利用した側も大変に便利です。

同じことを日本でやろうとすると、資材を買ってきて梱包し、宅配業者に荷物を持ち込んで送料を支払う段取りが必要で、最短でも到着まで1～2営業日はかかりますよね。

交通革命と物流革命が同時進行しているんだな、と強い印象を受けました。

必要な理由③：あなたの業界に、素人がテクノロジーを使って参入してくる未来

ラッダイト運動はハードを破壊する行為だけにとどまりません。２０２３年5月、米国の脚本家団体がストライキを行いました。これはネットフリックスやディズニーなどの動画配信大手の制作スタジオが、将来的にＡＩに脚本を書かせることを排除しないと表明したことに対してなんです※。

※AFPBB News『AIに戦々恐々、米脚本家がスト 雇用喪失を懸念』(https://www.afpbb.com/articles/-/3463234)

これもまた、ラッダイト運動の一つと考えることができます。もちろん、脚本家一人

ひとりの立場に立てば、プロが書いた脚本を勝手に学習した生成ＡＩは脅威です。生成ＡＩの使い方を覚えたアマチュア脚本家やにわか脚本家が、プロと同等の脚本を書いて新規参入してくる可能性があるからですね。

デザインの領域も同じことが言えます。

しかし、業界全体で見れば生産性を高めることになりますし、人類全体から見れば、より豊富でこれまでになかったような映像作品やアート作品を楽しめるようになるので、この流れを止めることはできないんです。

生成ＡＩは、アマチュアやにわかの人たちがプロの領域に参入するチャンスをもたらします。この流れにあらがうプロの単価が下がり、場合によっては職を失うかもしれませんが、流れに乗った（つまりテクノロジー駆使力を発揮した）人たちは、新たな働き方を手に入れることになります。

身につける方法

まずは試しに使ってみる

方法①：「便利じゃん」という小さな体験を繰り返す

テクノロジー駆使力を高めるために最も効果的なのは、生活に直結している身近なテクノロジーから試しに使ってみることを心がけることです。

テクノロジーを敵視する人たちに共通しているのは、身近なテクノロジーですら使うことを避ける傾向があることです。未知の技術はなんとなく怖いし、新たに理解したり覚えたりすることが面倒だと思っています。

ところが、このような人たちでも、使わざるを得なくなって使ってみたら、「あれ？超便利じゃん。面倒かと思っていたけど大したことないじゃん」と気づきます。ところが、次にまた新しい技術が登場すると、再び怖がったり面倒がったりするんですね。

この「便利じゃん」という小さな体験を繰り返していると、だんだんテクノロジーへの敵意が薄れていきます。

それでも頑固にテクノロジーを避けようとする人たちは、認知的不協和に陥っている可能性があります。認知的不協和とは、自分の知識や考えが間違っていたときに覚える不快感を低減するために、自分の知識や考えを正当化しようとしている状態です。

分かりやすく具体例を出します。

例えば、ペイペイなどのキャッシュレスで支払いを行うのは、テクノロジー駆使力の基本になります。

しかし、未知の技術はなんとなく怖いし、新たに理解したり覚えたりすることが面倒だと思っている人は、その本音を隠して次のように考えています。

● 現金で支払わないと、知らない間に使い過ぎるから現金が一番良い！
● 現金で支払わないと、お金のありがたみが薄れてしまう！
● 現金は停電になっても使えるし災害に強い！

人は、自分の脳にストレスがかかった状態（認知的不協和の状態）になると、それを解消するために、自分で自分の脳をだまし、無理やり自分を正当化する傾向があります。

● キャッシュレスなど時代の進化に適応できない自分→ストレス
● キャッシュレスではなく現金を使う方が良い理由をたくさん並べる→ストレスがない

こんな状態に陥っているのです。

もう一つ例を出してみましょう。禁煙を始めても、いつも三日坊主で挫折してしまう人がいます。

自分の意志が弱いことを認めたくない人は、脳のストレスを軽減するために、近所の田中さんは80歳過ぎても元気にタバコを吸っているとか、職場でのタバコミュニケーションは人間関係を円滑にする、などと主張し始めます。

これもまた、認知的不協和です。意志が弱い自分を認めたくないので、自分の脳をだましてタバコをやめない正当な理由を作り出し、脳のストレスを減らそうとするんです。

「次回以降、会議はオンラインで実施します」となったとき、人によってはZｏｏｍのインストールや操作が面倒だし、操作方法がよく分からないし、あるいは画面共有の仕方も分からないなどの理由が本音なのですが、それらを認めたくないから、「会議っていうのは、やっぱりみんなで同じ場所に集まって、顔を突き合わせて行った方が生産性が高い。俺はリアルな交流こそ大事だと考えているんだ」などと、自分の考えを正当化しようとします。

これもまた、認知的不協和ですね。

方法②：テクノロジーにはアイデアの種をもらう

認知的不協和は生成ＡＩに対しても向けられます。

試しにＣｈａｔＧＰＴを使ってみたところ、自分の質問の仕方が雑だったにもかかわらず、ゴミのような答えしか返ってこなかったり薄っぺらい内容の記事が出来上がってきたりして、「やっぱりこんなもん使えないな、人間サマにははるかに及ばない」とテクノロジー駆使力を高めることを拒否してしまう人たちがいます。

このような状況をコンピューターサイエンス用語で「ＧＩＧＯ（ジーアイジーオー）」と呼びます。ＧＩＧＯとは「Garbage in, garbage out」の略で、「意味のない入力からは意味のない出力しか返ってこない」状態を示します。

つまり、テクノロジー自体が稚拙なのではなく、テクノロジーの使い方が稚拙であることに気づかないのです。あるいは認めたがらないのかもしれません。

確かにＣｈａｔＧＰＴは誤った情報をしれっと返してくることはあります。すると「ほら、ウィキペディアより使えないじゃん」とすぐに騒ぎ立てる人たちがいます。

恐らくそれは、生成ＡＩに求めていることが単純過ぎるのです。このような人たちは、テクノロジーの、より有効な使い方を取得しようとしません。

生成ＡＩは、もっとクリエーティブな使い方ができます。例えば「生成ＡＩを紹介するための記事を書きたいので構成案を箇条書きで教えてください」とＣｈａｔＧＰＴに投げかければ、何項目かの答えを返してくれます。

あとは、それらをたたき台にして僕たち人間が膨らませればいい。

このような使い方をすれば、本来何時間もウンウン唸りながら作成しなければならなかった記事の構成案が、わずか数十分程度で出来上がってしまうのです。

これこそ生産性の向上ですよね。

生成ＡＩに正解を求めるのではなく、アイデアの種をもらう、という使い方ですね！正解を求めるなら本やグーグルでプロの意見を参考にした方がよいです。

生成ＡＩはプライベートでも役に立ちます。

例えば「遠くの実家に一人で暮らす母がいます。母の日に喜ばせる方法には何がありますか？」とＣｈａｔＧＰＴに投げかけてみます。すると5つくらいの方法を挙げてくれます。

その中に気に入った方法がなければ、続けて「他にも5つ挙げてください」と指示すればさらに5つ挙げてくれます。これを繰り返しているうちに、「これだ！」というアイデアが出てくるでしょう。

こうしてアイデアだけもらって時間を浮かせて、その浮いた時間で、母を喜ばせるという人間にしかできない本質部分に、自分の時間をたっぷり使えばいいのです。

身につける際の注意点

生成ＡＩは、これから驚くような速度で進化していきます。そのときに、使い方のコツに気づいて使い慣れておかないと、ますます「怖くて面倒だ」と使うことを避けるようになってしまいます。

そうなると、使いこなす人と、使いこなさない人の仕事の生産性の差がどんどん広がっていきます。

生成ＡＩについては正解を求めるのではなく、たたき台づくりでもいいですし、ブレーンストーミングの相手にするのでもいいですから、自分の秘書として役立てようとする気持ちが大事です。そうしないと、世の中の変化に対応できない体質（脳質?）になってしまいます。

２０２３年４月から、給与をデジタルマネーで支払うことができるように労働基準法が改正されました※。その結果、ペイペイや楽天ペイなどのスマホ決済アプリの口座が給与の振込先として選べるようになったのです。

※日本経済新聞『デジタル給与、23年4月解禁　厚生労働省』（https://www.nikkei.com/article/DGXZQOUA261SR0W2A021C2000000/）

もちろん、給与の振り込みですから、受け取り側が選択しない限りデジタルマネーで支払われることはありませんが、このような変革があったときに、より多くの選択肢を持てるかどうかも、テクノロジー駆使力の有無にかかってきます。

第**2**章

AIに代替できない「自分を魅せるスキル」

スキル5 未来予測力

予測しにくい
からこそ、
未来を予測しよう

スキルの定義

10年先をぼんやり予測するスキル

未来なんかどうせ予測できないんだから、日々の目の前の幸せに感謝して一生懸命生きればいい。

このフレーズは、自己啓発本などで非常によく使われる聞こえがよいフレーズで、あなたも一度は目にしたり聞いたりしたことがあると思います。

でも、よく考えてみてください。目の前の幸せに感謝し一生懸命生きつつ、同時に未来も予測すればよくないですか？（笑）

目の前の幸せに感謝することと、未来を予測することは、両立できます。どちらか一方しか選択できない話ではありません。

現代は、感染症の流行、国際紛争、気候変動など、何が起きるか分からないですし、それらの影響がどのくらいの速さでどこまで及ぶのかも分からない時代です。そのため、これからの時代は、「VUCA（ブーカ）の時代」とも言われています。

VUCAは「Volatility（変動性）、Uncertainty（不確実性）、Complexity（複雑性）、Ambiguity（曖昧性）」の頭文字で、元は米国の軍事用語として使われていましたが、近年はビジネス用語としても使われるようになりました。

未来が予測しにくい、だからこそ予測することを諦めて右往左往するのではなく、むしろ積極的にこの先に起きることを予測すべきだと、僕は考えています。

しかも来年や再来年のことではなく、10年先といった長期的な未来を予測する必要があります。

10年先を、漠然とでもよいので予測する力を「未来予測力」と呼ぶことにします。

未来に必要な理由　努力の延長線上にある成功法則が通用しない

必要な理由①：頑張って取得した資格が無駄になる未来

以前の社会では、未来を予測する力はそれほど重視されていませんでした。

ここでいう「以前」とは、未来を予測することの困難さを強く意識させられるような出来事があった以前という程度の意味ですので、どの時点にするかは人によって異なります。2001年の米国同時多発テロだと考える人もいれば、2008年のリーマンショックだと捉える人もいるでしょう。あるいは2019年に発生した新型コロナウイルス感染症の流行だと指摘する人もいるかもしれません。

いずれにしても、それら以前の、将来がなんとなく読めた、あるいはおおよそ人生設計の通りに生きられたという時代は、未来予測力は重要視されませんでした。

いい大学に入って大手企業に就職し、子供ができてマイカーや家を買って、年齢とともにそれなりに出世して定年を迎えられれば幸せじゃないか、というガイドライン的な人生の見込みというものがあった時代は、「予測」よりも「計画」が重視されていました。

しかし、急激に複雑化し拡大した金融サービスが引き金となる景気変動や、国際情勢の変化、気候変動、感染症の拡大、そこにテクノロジーの進歩、ＣｈａｔＧＰＴなどの生成ＡＩの登場などが、鉄板と思われていた人生設計の実現を困難な時代にしてしまいました。

例えば、この資格を取っていれば将来安泰だ、この分野で手に職をつけておけば食いっぱぐれない、この会社に就職しておけば豊かな定年後の人生が待っている、などと思っていたのが、数年後にはその前提が崩れてしまった、ということがあり得る時代なんですね。

個人レベルの人生設計だけではありません。安泰だと思われていた大企業が、最新のデジタルテクノロジーを引っさげて新しいビジネスモデルを打ち出したゲームチェンジャー（またはデジタルディスラプター）に市場を破壊されて経営危機に追い込まれる事態も生じているのです。

ですから、常に未来を予測して、漠然とでもよいので、「このスキルを磨いても無駄になるぞ」とか「この業界にいてはまずい」、あるいは「この会社の経営戦略では立ち行かなくなる」などと気がつくようにしておかないといけません。

教育者で著述家の藤原和博さんが、著書『10年後、君に仕事はあるのか？ 未来を生きるための「雇われる力」』（ダイヤモンド社）の中で、だいたい5年でプロと名乗ってもいいと言っています。つまり、5年ぐらい（欲を言えば2〜3年ぐらい）で新たなスキルを身につけることができるのです。

未来に向けてなすべきことは、あなた自身のスキルを定期的に見直し、上書きまたは掛け算していくことです。

10年腕を磨いてようやくプロフェッショナルを名乗っているようでは、「もはやそのスキルはテクノロジーで対応できていますから不要です」って事態になっているかもしれません。あなたには、「せっかく10年かけて一生懸命磨いたスキルをＡＩに代替された！俺の10年を返してくれ！」って言わない人生を送ってほしいと思っています。

このような時代に最も恐れるべきは、情弱であることです。

情弱――本当に嫌な言葉ですね。

このワードは、上から目線的な使われ方をするのであまり好きではありませんが、この言葉を重く受け止めておかなければならないほどに変化が激しい世の中です。

「自分は毎日ネットでニュースをチェックしているし、新聞にも目を通しているから大丈夫だ」と思っている人たちが多くいます。確かにそれほどニュースをチェックしていれば、ビジネスパーソン同士の雑談で生かせるかもしれません。

しかし、それで「大丈夫」なのでしょうか？

単に時事ニュースに詳しく雑談が盛り上がるだけでは、5年後10年後のために行動を変えるには足りません。大事なのはニュースで取り入れた情報から未来を想像することです。

必要な理由②：成功した人のまねをしても成功できない未来

ところで、なぜ、未来を予測する力があまり注目されないのでしょうか。誰もが守るべきものを持っています。自分の生活であったり家族の生活であったり。それらを守るためには将来にわたって収入を確保し続ける必要があります。

そして将来にわたって収入を確保し続けるためには、将来の変化に備えておく必要があります。つまり未来を予測する力は、守るもののために必要なはずです。

それなのに、あまり未来を予測する力についてメディアで触れられません。その理由を僕なりに考えてみました。

ビジネスや芸能などで成功した人をフィーチャーするテレビ番組がありますよね。貧しい境遇から経済的に成功した人や、いくつもの挫折を乗り越えて有名になった人たちの話は人気があります。

そのような番組で、成功した人たちに「なぜ、成功できたのか」と尋ねると、多くの成功者は「先のことなど分からなかったから、今、目の前のことを一生懸命やってきただけです」なんて答えます。

成功者が語りますから説得力がありますよね。

そうするとそのような番組を見た視聴者は、「そうだ、俺もウダウダ悩んでいないで、とにかく目の前のことだけに集中しよう！」って勇気づけられます。

このとき、もし成功した人たちが「私は将来こんな時代が来るだろうと予測できていたので、戦略的にやるべきことを考え、行動し、その結果成功できた。ほぼ計画通りです」などと語り出したら、「うえ、こいつうさん臭い」とか、「たまたま成功したくせに、後付けで理由を語っているんじゃないの？」などと思われてしまうでしょう。

番組のディレクターも「したたか過ぎて、視聴者の共感を得られず、番組が盛り上がらない」と判断するでしょう。

このようなことから、未来を予測する力の重要性が顧みられにくいのだと、僕は考えています。

しかし、少なからずビジネスの世界で何かを成し遂げる人は、意識的にも無意識的にも未来をぼ～っと考えながら予測しているはずだと思っています。

僕は成功に一番大事なのは行動力だと思っていますが、がむしゃらに何も考えずひたすら行動し続けるのと、少しでも未来を読んでチューニング（調整）しながら行動し続けるのとでは、結果に差が出てくるのではないかと思うんです。

例えば、憧れのCGデザイナーがいたとします。その人に憧れてCGデザイナーを目指し、ひたすら作品を作り続けるという行動力を発揮しても、生成AIを駆使して素人がデザイン業界に参入してくる近未来を予測しておかないと、一人前のデザインができるようになった頃には、低単価の仕事をこなし続ける可能性があります。

そういう意味では、2006年にたった2000億円でユーチューブを買収したグーグルの未来予測力はさすが！と言わざるを得ません。あの当時から動画全盛時代がくるとグーグルには未来が見えていたのでしょう。ちなみに最新のデータによると、年間のユーチューブの売り上げは4・2兆円です。

話を戻します。

もはや過去の先輩たちのひたすらな努力の延長線上にある成功法則が通用しない時代だと認識しなければなりません。

経営者であれば、未来予測力がなければ会社を潰してしまうかもしれません。個人であれば、食べていけなくなるかもしれません。

ですから、すべてのビジネスパーソンは、未来予測力を身につける必要があります。来年や再来年のことではなく、5年後10年後の大きなうねりを予測できなければなりません。

EV（電気自動車）が本格化したら自動車産業はどうなるのか、気候変動リスクが高まったら食糧問題や災害対策はどうなるのか、少子高齢化が続くとどうなるのか、などです。

例えば、インバウンドで稼いでいる飲食店の店主であれば、イスラム教徒の数がこのまま増え続けると、ハラルメニューも考える必要があるのではないかと予測しなければならないでしょう。日本人にはあまりピンと来ないかもしれませんが、世界のイスラム教徒の人口は増え続けていて、2050年ごろにはキリスト教徒を超えて世界最大勢力になると予想されています。

会社員だって、生成AIの登場で、これからホワイトカラーの仕事がどのように変わっていくのか、AIを使いこなすためにはどんなスキルが必要なのかを予測しなければなりません。

デザイナーやイラストレーター、カメラマン、ライターなどのクリエーターと呼ばれる人たちも、うかうかしていられません。

生成AIを武器にして、アマチュアやにわかクリエーターたちが競合となったときに、どのように振る舞うべきなのか考えておく必要があります。価格破壊にも備える必要があるでしょう。

テクノロジーの進化はＡＩだけではありません。

僕の知り合いにプロカメラマンが数人います。みんなプロですから数十万円のカメラ本体に、数十万円のレンズも買いそろえて仕事をしてきましたが、このところ報酬額が下がり続けてきて厳しいと言っています。

その理由は、スマホの撮影機能と画像補正・加工機能が高度に進化したため、大抵の撮影はプロに発注するまでもなくなってしまったというのです。

スマホで撮影すれば、手ブレ防止機能も搭載されていますし、天気が悪くて撮影した写真がいま一つだったときでも、アプリで簡単に補正できてしまいます。

さらにこのスマホの撮影機能や画像補正・加工機能を駆使したアマチュアが、クラウドソーシングを通してプロカメラマン業界に参入し、価格破壊が起きてしまっているのです。

残念ながら、プロカメラマン市場の価格破壊は止められないと予想されます。

しかしその未来予測をせず、ただカメラが大好きだから写真を撮る仕事がしたい！と低価格で撮影し続けるのか、それとも未来を予測し、ジャングル奥地の希少動物や戦場など、ごく少数のプロカメラマンしか撮影できないシーンに特化するのか、この差は将来大きいのではないかと思います。

必要な理由③：ユダヤ人には「想定外」という言葉がない

未来予測力では、来年・再来年といった短期的な予測よりも、5年後10年後といった長期予測が重要だと言いました。

最近の例であれば、例えば、中国と米国が貿易摩擦を起こし、コロナウイルスがまん延することで物流が滞り、さらに追い打ちをかけてロシアによるウクライナ侵攻が始まって急に半導体が入手困難になり、日本で新車の自動車がここまで値上がりし、さらに納品まで半年以上かかる――。

このような突発的ことを事前に予測するのはほぼ不可能ですが、10年後であれば、半導体が不足していることは考えにくく、一時的に不足したとしても、長期的には調整されることが見込まれます。通信技術の5Gや6Gが普及し、半導体が内蔵されたＩｏＴ機器のニーズが世界中で高まっていることが容易に想像できます。

突発的な出来事に対しては、間もなく復旧されるでしょうから、突発的な出来事に右往左往するよりは、長期的なトレンドを把握するべきなのです。

未来予測力は、言い換えれば危機管理能力なんですね。

ちなみに、ユダヤ人は「想定外」という言葉をあまり使わないそうです。

それは、彼・彼女たちが常に最悪のことを想定して準備するように子供の頃から親や学校の先生に教育されているからだそうです。

ユダヤ人の優秀さは有名ですよね。世界人口の0・2％しか占めていないユダヤ人がノーベル賞受賞者の約20％を占めているんです。

ユダヤ人が想定外という言葉を使わないのは、健全なレベルで危機感を持って物事を考えながら生活している証拠だと思います。「将来ある程度の仕事がテクノロジーに代替される」などと僕がユーチューブで話すと、「危機感をあおるな！」というコメントをときどき頂戴しますが、僕は健全な危機感を持つことはビジネスパーソンとして大切だと思っています。

ユダヤ教の聖典の一つにタルムードがあります。書籍にすれば数十冊にもなる聖典で、僕はそのダイジェスト版を読んだことがあります。

このタルムードにはビジネスのヒントになりそうなことも書かれています。例えば、

- 当たり前のことではなく常に新しいことをやるべきだ。
- 最も良い教師は最も多くの失敗談を語れる教師である。
- 世界一賢い人とは、出会ったすべての人から何かを学ぶことができる人である。

など、現代人にとっての金言がたくさんあります。ユダヤ人はこのような生きる知恵を親から子へと代々伝えているんです。その根底には、予測重視の姿勢が貫かれている気がしました。

身につける方法　予測の距離を少しずつ伸ばしていく

未来予測力を身につける方法は3つあります。

方法①：まずは短期的なことを予測してみる

未来予測力を身につけることは簡単ではありません。簡単であれば、誰もがビジネスやプライベートで成功者になっていますよね。それこそ株で大当たりしているでしょう。（笑）

そこで、いきなり10年後を予測するのではなく、まずは少し先の未来を予測するトレーニングをしてみましょう。

予備校講師でタレントの林修さんが、勝負に負ける3要素を挙げています。それは「慢心、思い込み、情報不足」だと言います。これらのうちどれかが当てはまったときに、人は負けるのだそうです。受験でも、戦争でも、ビジネスのコンペや営業などでも、とにかく勝負事といわれるものはほとんど当てはまると言っています。

この話を聞いたときに僕が思ったことは、最初の2つの「慢心」と「思い込み」は、結局3つ目の「情報不足」が原因なのではないかということです。だから僕なりにまとめてしまえば、結局のところ負ける原因は「情報不足」に集約されるのではないかと思います。

ということは、ビジネスで勝つには、常に情報を集めて勝負に挑む癖をつけることが有益です。情報を集めることで、まずは目先の未来を予測してみる。

これを繰り返して習慣化できたとき、より先の未来を予測できるようになってきます。

例えば、営業先で契約を取るための商談に臨むとき、ぶっつけ本番ではなく、事前にキーパーソンとなる人の情報を会社のホームページやSNSなどから集めておくんです。どんな趣味を持っているのか、家族構成はどのようになっているのか、最近夢中になっているのは何か、最近どんなところに出かけたのか、など。

このようにして情報を集めていくと、攻め方が見えてきます。

商談に向かう際にも、キーパーソンにとって有益な提案を用意できますし、キーパーソンとの人間的な距離を縮める雑談を用意できるかもしれません。

また、勝負といえば、資格試験があります。外資系でなくても、楽天のように英語の能力が昇給や出世に影響する会社で働いているのであれば、ＴＯＥＩＣで何点以上取っておかなければならないという制約があるかもしれません。

そのとき、やみくもにいろいろな教材に当たるよりも、徹底的に過去問題集を解く方が重要なんです。その理由は、ＴＯＥＩＣの試験はまず時間配分が足りないようにできているからです。

これは実際に試験を受けてみるか、時間を計って過去問題を解いてみなければ分かりません。長文問題でも、頭からじっくりと訳しながら読んでいたのでは間に合わない。要点だけをつかんで問題を解いていかないと間に合いません。

このような情報を事前に持っていないと、高い点を取ることが難しいんです。単純に

ＴＯＥＩＣ対策の参考書を学習しただけで、よし！受けてみよう、では点数を取れません。

つまり時間配分を有利に進めるための情報を得ておかないと勝ち方が分からない。

別の例ですが、あるテレビ番組のゲストに中日ドラゴンズ元監督の落合博満さんが出演していたことがありました。その番組の中で、空手の世界選手権の個人形《かた》部門（対戦ではなく形の美しさを競う）で4連覇した日本人の喜友名諒選手が紹介されていました。

そのとき司会者が落合さんにコメントを求めたところ、彼は一言「4連覇するってことは、この選手は、勝ち方を知っているね」と言ったんです。

このとき、司会者も他の出演者も「…はい、ですよね…」と、戸惑った相づちだけ打ってさらっと次のコーナーに進めてしまったんですね。

誰も落合さんの言葉の深みに気づかなかったんじゃないかと僕は思いました。

僕なりに落合さんの言いたかったことを解釈すると、この空手の選手はより美しい形を演じようとして我流でやみくもに努力してきたのではなく、審査員たちが評価する見せ方を徹底的に研究して情報として持っていた、ということではないでしょうか。

いくら訓練して美しい形を演じることができても、それが独り善がりの美しさでは勝てません。しかし、審査員がどこを評価するのか、例えばどこで素早く動いてどこで止めるか、どこでどれくらいの気合を発してどこに視線を向けるか。審査員が評価するこれらのポイントを研究して情報として持った状態で決勝の舞台に立ったのではないでしょうか。

選手に失礼な言い方かもしれませんが、短期勝負は運が味方することもあります。1回の優勝なら、偶然決勝相手のコンディションが悪くて本領発揮をできずに勝ったということがあるかもしれません。しかし4連覇ともなると話は別です。

「勝つための情報」を持っていて、そこに向かって鍛錬しないと達成できないはず！と落合さんは言いたかったのではないでしょうか。

ビジネスでも同じです。まずは次の商談やプレゼンテーションで勝つための情報を集めることから始め、その習慣を1年後、2年後、そして5年後、10年後の勝ちを目的とした情報収集に広げていきます。

長期的なトレンドを読むために、特に重視すべき情報はテクノロジー関連のニュースです。テクノロジーのニュースはかなり早めに将来起きることのヒントが取り上げられているためです。

このように、情報を集めて未来を予測し、勝ち癖をつけてみましょう。

方法②：未来予測本を読む

長期的なトレンドを読むために有効なのが、未来予測をしている書籍を読むことです。

例えば、シリーズ化している河合雅司著『未来の年表』（講談社）や、成毛眞著『2040年の未来予測』（日経BP）、ピーター・ディアマンディス他共著『2030年 すべてが「加速」する世界に備えよ』（NewsPicksパブリッシング）、土井英司著『「人生の勝率」の高め方 成功を約束する「選択」のレッスン』（KADOKAWA）などです。

方法③：海外のニュースサイトを見る

未来の予測力を身につける3つ目の方法は、海外のニュースサイトをチェックすることです。

ただしここで注意があります。海外の情報を得るためにBBCやCNNなど有名なサイトばかりをチェックしていると、欧米寄りの情報に偏ってしまうことです。先ほど紹介した本の著者である成毛眞さんは、米国寄りでも欧州寄りでもないニュースを報道している中東のアルジャジーラをお薦めしていたので、僕もアルジャジーラはチェックしています。

テクノロジーに関しては地域の偏りを気にすることなく、主に欧米のニュースをチェックしています。ＡＩ関連で最先端を走る米国のニュースは特にチェックしたいところです。米国で導入されたテクノロジーが日本に導入される例が多くあるからです。だいたい僕の体感で3〜5年後に日本にやってきます。

例えば、小売り最大手のウォルマートはアマゾンに駆逐されるのではないかという人たちもいましたが、ウォルマートはアマゾンに追いつけ追い越せと言わんばかりに、ＩＴ企業の重役をどんどんヘッドハンティングし、最新テクノロジーを導入して社内ＤＸ（デジタルトランスフォーメーション）に力を入れています。

同社は２０２６年度までに米国内の４７００店舗で65％の業務の自動化を目指し、既に倉庫などで２０００人超の人員削減を表明しました※。このときに公開された映像では、バックヤードでロボットが仕事をしている光景が映し出されていました。

※日本経済新聞『ウォルマート、米店舗の65％を自動化へ』（https://www.nikkei.com/article/DGKKZO70934090S3A510C2H63A00/）

3～5年ほど遅れて、日本でも同じようなことが起きる可能性がありますので、このような情報を入手して分析できていれば手を打つことができます。今自分が従事している仕事はどのように変わっていくのか、あるいはなくなってしまうのか、またこれから就職・転職しようとしている人であれば、その就職・転職先の仕事に未来はあるのかが見えてきます。

どんどん人を解雇する文化の米国社会で、生き残っている人たちはどんな職業についている人たちなのか、どんな活躍をしているのか海外のニュースサイトを定期的にチェックしておけば、漠然と未来が見えてきます。

他にも世界の動向を俯瞰するのに参考になるのが、国際情勢を分析している米国の調査会社「ユーラシア・グループ」が発表している「今年の10大リスク」です※。

※Eurasia Group『Top Risks 2023』(https://www.eurasiagroup.net/issues/top-risks-2023)

未来予測力は危機管理能力ですから、世界の大きなリスクの予測を知ることは、それが日本や自分のビジネスにどのような影響を与えるかを予測するのに役立ち、未来予測力を身につけるトレーニングになります。

身につける際の注意点

未来予測本を読んだり、海外のニュースサイトをチェックしたりするときには注意点があります。

それは、情報を得たらそれを自分なりに分析して予測し行動を変えることです。

行動といってもささいなことで構いません。いきなり起業するなどといった大胆な行動をする必要はないんです。

僕のようにコンサルティングをしていれば、クライアントへの提案書の冒頭に国際情勢やテクノロジーの動向から得られた有益な情報を追加してみるとか、気になった業界があれば、都市部でよく開催されている展示会に足を運んでみるとかでもいいんです。

いくら情報を得ても、行動が変わらないと何も変わりません。精神科医で作家、ユーチューバーの樺沢紫苑さんは、「アウトプット7、インプット3くらいがちょうどいい」と言っています。

日本人の多くは逆で、アウトプット3、インプット7くらいであることに警鐘を鳴らしています。

樺沢さんが言うには、アウトプットが少ないのは、アウトプット前提でインプットをしていないことが原因とのことです。

なぜ本を読むのか、なぜ面倒な海外の情報を取りにいくのか？　それはインプットのためではなく、行動を変えるというアウトプットのためだと覚えておきましょう。

スキル6
自分ブランド力

「この人に頼みたい」
と思われるスキル

スキルの定義

仕事で指名されるスキル

「自分ブランド力」とは、ある仕事に対して、「この仕事は、どうしてもこの人に頼みたい」「このプロジェクトは、どうしてもこの人と一緒にやりたい」と指名される人になる力です。「どうしても」とは、例えば「報酬が高くても」や「順番を待ってでも」などが含まれます。

このように、テクノロジーは元より他の人間でさえ、代替されない存在になる力が自分ブランド力です。

未来に必要な理由　僕たちは、市場原理から逃れることはできない

必要な理由①：社会のコモディティー化がさらに進む未来

エンジェル投資家で経営コンサルタントであり、京都大学の客員准教授でもあった瀧本哲史さんの『君に友だちはいらない』（講談社）という本があります。この本の中に、世の中がどんどんコモディティー化していくことが指摘されています。

コモディティー化とは、一般大衆化という意味です。

コモディティー化されていく対象としては、これまでは商品やサービスでした。

例えば液晶テレビが世の中に登場した当時は、その画期的な薄さに多くの人が驚きました。しかし高額でしたので誰もがおいそれと買えるものではありませんでした。

僕も初めて液晶テレビを買ったことを今でも覚えています。2005年に20インチというサイズで30万円近い三洋電機製の液晶テレビを買いました。当時の僕には高額過ぎたけど、どうしても欲しかったので鮮明に記憶に残っています。今は、20インチの液晶テレビなら10分の1以下の価格で手に入ります。

話を戻します。黎明期にはメーカーごとに特徴があり、画質の高さではシャープだね、とか、音質ならソニーでしょう、あるいはデザインのスマートさならパナソニックだけど、機能の多さなら東芝だな、などと各社製品の差異化ができていたのです。

ところが、各メーカーが他社の優位性に追いつこうとしのぎを削った結果、どのメーカーの製品もスペック上は変わらなくなってしまいました。だから、「あとは価格次第だな」という状況になりました。

これがコモディティー化です。

現在の競争相手は国内だけではありませんから、液晶テレビの市場にはサムスン電子やLGエレクトロニクスなどの韓国勢も価格競争で参入してきました。

最初のうちは、国内メーカーの品質に韓国勢は太刀打ちできなかったんです。画質一つとっても明らかに質が低かった。メード・イン・ジャパンのクオリティーは圧倒的な高みにありました。

しかしコモディティー化の恐ろしさはここからです。あっという間に韓国製品の品質が高まり、もはやスペック上での優劣はつけがたくなりました。それどころか韓国製品は価格も安かったので、気がつけばサムスン電子やLGエレクトロニクスが世界の50%のシェアを奪うまでになっていたのです。

もちろん、国内メーカーも低価格化を進めましたので、結局、製品自体での差異化はなくなり「どこのメーカー品でもいいじゃん」となってしまったんです。

このようなコモディティー化は、あらゆる製品やサービスで生じる現象です。

瀧本氏は本の中で、そしてついにビジネスパーソンもコモディティー化が進む時代になってきたと指摘します。

それは、文明の進化が情報の共有化を促進する働きがあるためです。その結果、人の持つ知識やスキルに差がなくなってくるんですね。

例えば、ある企業の総務部で、属人的でばらつきがあった事務作業スキルの底上げをするためにｅラーニングを導入したとします。

すると多くのスタッフがほぼ同じ知識とスキルを身につけるようになります。もちろん、適性がなく離脱する人もいるかもしれませんが、多くのスタッフの事務作業スキルの底上げは実現します。

その結果、上司が新しい仕事を任せようと思ったとき、手が空いているスタッフなら誰にでも任せることができ、部署としては理想的な状態になるわけです。

これは、スタッフの立場からすれば、「別に君じゃなくてもいいんだよね」と言われる状態で、コモディティー化したわけです。

ここからさらに僕の予想ですが、生成ＡＩ社会は、この人材のコモディティー化が加速すると思っています。

その理由は、生成ＡＩを駆使した素人がそれぞれの業界に溶け込んで、プロと素人の境界が曖昧になるからです。そうなると、実績や信用、つまり自分が持っているブランド力がますます重要になります。

必要な理由②：業務の効率化とマニュアル化が進む

総務部に限らず、どの部署でも同じことが起きます。

たとえeラーニングが導入されていなくても、誰もがネットで手軽に情報を得られる時代ですから、例えばユーチューブで成功事例を学んだり、ググったサイトからノウハウを学んだりしているうちに、ビジネスパーソンのコモディティー化が進むでしょう。

中には生成ＡＩを使って仕事の効率化を図る人も出てくるかもしれませんが、すぐに生成ＡＩの使い方に関するノウハウが出回りますから、あっという間に他の人たちも生成ＡＩを使えるようになって、やはりコモディティー化してしまいます。

このようなコモディティー化が進むことの問題点は、ビジネスパーソンにとっては「あなたの代わりならいくらでもいるから」と評価されるようになることです。

これは会社員なら給料が上がらなくなることを意味し、フリーランスであれば価格競争に巻き込まれることを意味します。

先ほどの液晶テレビで考えれば分かりやすいですよね。どのメーカー品もスペックが同じならば、安い方が選ばれるようになるわけです。

会社員であれば、「こんなに激務なのに、給料を上げてくれないなら辞めてやる！」と言っても給料を上げてもらえません。「そうか、了解。代わりはいくらでもいるから」と言われてしまいかねません。

フリーランスなら、「この金額では無理ですね、もう少し上げてもらわないと」と言った途端に「あっ、じゃぁいいです。他に頼むから」となります。

これがコモディティー化の怖さです。収入を上げることが困難になります。下手すると下がってしまうかもしれません。

プロスポーツの世界は以前からシビアです。「この選手じゃなければ駄目だ」と思ってもらえる選手の年俸はとても高くなりますが、そうではない選手の年俸は下がります。下手すれば2軍落ちです。

芸能界もシビアです。平凡なタレントさんのギャラは低く、駆け出しの無名タレントさんなどは「使ってもらえるだけありがたいと思え」といった安いギャラしかもらえません。

しかし「この人がいないと番組が成り立たない」と思われるようなタレントさんのギャラは驚くほど高額になります。

つまり僕たちは、経済活動をする限り、需要と供給のバランスという市場原理から逃れることはできないのです。

そして、テクノロジーを駆使して供給側に回る人が増えることにより、その厳しさが増していくと予想しています。

ですから、僕たちは、代わりの利かないポジションを取っていかなければなりません。「あなたでないと頼めない」「あなたにしか頼めない」と思われるブランド力が必要なんです。

僕がこの話をユーチューブで話すと、「そんな自分にしかできない仕事あるわけないじゃん！」というコメントが多く書き込まれます。

これは僕が言った内容を誤って解釈しています。自分にしかできない仕事は、おっしゃる通り、確かにそんなに簡単に存在しません。

自分にしかできない仕事ではなく、「その仕事ならやっぱりこの人に任せたい」と指名されるブランド力を身につけましょうと言っているのです。

例えばコンサルタントの世界はブランド力が物言う世界です。

自分のことで恐縮なんですが、僕のところには「生成ＡＩで未来がどんなふうに変わるのか講演してほしい」とか、「今後、無人店舗が小売業界に与えるインパクトについて話してほしい」といった依頼が舞い込んできます。

そのときに、ギャラの値引き交渉をされることはほぼありません。

これは、僕が各業界の未来を予測してアドバイスするフューチャリストとしてのブランドを確立できているからなんですね。だからご指名をいただけるんです。こちらから「講演させてください！」と営業をかけているわけではありませんから、価格競争に巻き込まれません。

こちらから営業をかけていたときは、価格の交渉、日程の交渉、さらには講演内容の複数回に及ぶ事前打ち合わせ会議などがありました。

今では、価格の交渉もなく、日程も僕の都合、講演内容も僕にお任せという感じでお仕事を頂いています。

コモディティー化が進む社会においては、指名されるほどのブランド力を身につける必要があるんです。

一人社長である僕の例を出しましたが、会社員の場合は自社内や競合他社に対して差異化できるブランド力が必要です。

例えば、「この業界のクライアントの営業は君しかいない」とか、「この企画のプレゼンテーションは君にしか任せられない」、現場作業であれば「この作業はミスが許されないから君にしか任せられない」、あるいは「今度社内で立ち上げるプロジェクトだが、君こそリーダーをやってほしい」「取引先が、君が担当じゃないと嫌だと言ってきた」などと言われることです。

つまり、会社員であっても指名されるポジションを築くのです。

自分の置かれたポジションがもともとコモディティー化しやすいと感じたら要注意です。それがさらなる効率化のためにＩＴやＡＩを導入し、社員のスキル底上げのためにｅラーニングも進められることで、業務のマニュアル化がさらに進んでコモディティー化が今よりもっと促進されます。

お店の店員さんも同様です。特にアルバイトさんやパートさんのように出入りが激しい人材教育に関しては、新人が入るたびに人が付いて手取り足取り教えるのは効率が悪いですし、先輩たちの背中を見て学べなどとやっていてはさらに効率が悪い。

そこで、「Teachme Biz（ティーチミー・ビズ）のような動画の業務マニュアルを用意しておけば、一定のレベルまではコモディティー化された店員さんが、効率よく養成されます。しかし、そんな中でも「なぜかこの人がお店に立てばお客様がじゃんじゃん入って繁盛する」、という接客のプロはいつの時代もいますよね。

なぜここまで差が出るのか、なにが違うのか、じっくり所作を研究してみてください。

身につける方法　100万分の1の存在になる

方法①：3つのスキルを掛け合わせてレアキャラに

自分ブランド力を身につける方法は、100万分の1のレアキャラになることです。

「未来予測力」でも紹介した藤原和博さんの『10年後、君に仕事はあるのか？ 未来を生きるための「雇われる力」』（ダイヤモンド社）では、一つの分野で100分の1の存在になり、それを3つ掛け合わせることで「1/100×1/100×1/100＝1/1000000」になります。こうして日本人の100万人に1人のレアな存在になることが提唱されています。

一つの分野でざっくり日本人の100人に1人（100分の1）の存在になるということは、その分野のプロになるということです。多くの方は、既に何らかの職業で何年か働いてきていると思いますので、最初の100分の1はそれほど難しくありません。

しかし100分の1の存在は、ありふれています。会社の同僚にも競合他社の同じ部門にもいる存在です。ですから、ブランド力とは言えません。

例えば広告代理店の営業として何年か働いてきた人であれば、広告営業のプロであり、日本人の中では既に100分の1の存在になっています。マーケティングコンサルタントとして何年か働いてきた人であれば、マーケティングのプロですし、ウェブデザイナーとして働いてきた人なら、ウェブデザインのプロです。

しかし、同じレベルのプロはたくさんいるんです。

そこで100分の1から100万分の1にレア度を高める必要があると藤原氏は言います。そのために、あと2つの分野で100分の1の存在、つまりプロになる必要があります。

そこで「1万時間の法則」が登場します。「1万時間の法則」は米国のジャーナリストであるマルコム・グラッドウェルさんが著した世界的ベストセラー『天才！ 成功する人々の法則』（講談社）（原題：Outliers: The Story of Success）で提唱された法則で、どんなスキルでも1万時間続ければ一人前になれる、プロとして通用するようになるといったことが様々な事例から導き出されています。

前述の藤原和博さんは、この「1万時間の法則」を実現するためにはおおよそ5年かかると言っています。

しかし僕はテクノロジー駆使力を使って効率よく学んだら、そんなにかからないと考えています。eラーニングやユーチューブ、書籍などを使って効率よく学べば、分野によっては1～2年でマスターできる、プロと言えるんじゃないかと思います。

こうしてあと2つの分野でプロになれば、100万分の1のレアキャラとなり、価格競争に巻き込まれないブランド力を身につけることができます。

僕の場合は、もともと営業職をやっていました。そこにウェブサイトを作るスキルを身につけ、さらにウェブマーケティングの仕事も経験したので、3つの分野のプロになれたわけです。営業が得意でウェブマーケティングもできるホームページ制作者は、恐らく日本で100万人に1人ぐらいのレアキャラでしょう。

そして今、僕はさらに未来予測ができるコンサルタントになるためのスキルに磨きをかけていますので、いよいよ1億分の1の超レアキャラになれるんです。もはや日本に1人しかいないというブランド力がつくんです。すごくないですか?

その上英語力も身につけようとしていますから、もう他の追随を許さない、揺るぎないブランド力を手に入れることになります。自分で書いていて興奮してきました。(笑)

——失礼しました。冷静になりましょう。

このようにしてブランド力を身につけることで、「あなたしかいない」存在になり、価格競争から抜け出して収入を増やすことができます。

100万分の1になったとしても、3つのうちの1つのスキルが時代とともに古くなったら1万分の1になってしまいます。だからこそ、僕はそうならないように、常に新しい掛け算を繰り返しています。ぜひあなたも100万分の1で完成！ではなくて、掛け算を続けてほしいなと思います。

方法②：情報を発信する

ここで補足しておきたいのですが、せっかく100万分の1のブランド力をつけても、そのことが知られなければお金を生み出すことができません。そこで、第三者があなたのブランド力に気づくように、情報発信をする必要があります。

これは僕のようなフリーランスだけの話ではなく、会社員であっても同じです。ブログやSNS、ユーチューブなどなんでもいいですから、自分がブランド力のあるレアキャラであることを世に知らしめてください。

芸人で絵本作家、著作家の西野亮廣さんが著書『革命のファンファーレ　現代のお金と広告』（幻冬舎）で「貯信」という言葉を使っています。貯金ではなく貯信です。貯信とは信用をためることですね。

西野さんは、この貯信こそが21世紀の稼ぎ方だと言っています。情報発信をして、その分野のプロであることの信用をためてブランドを構築しておくと、その貯信がいつでもお金に換えられるようになるんです。

実際、僕はフューチャリストとして情報を発信し続け、貯信をしているわけです。

ユーチューブの場合なら、貯信が増えていることはフォロワー数や閲覧数で可視化されます。その結果、「友村は未来予測のプロとして信頼できる」というポジションに立つことができます。

そしてこの貯信はいろいろな形でお金に換わります。あるときはコンサルタントの報酬として。あるときはセミナーや講演会の講演料として。あるときはＤＸの社員研修講師費用として。つまり、いきなりモノやサービスを売って対価を得るのではなく、一度お客様からの信頼を貯信してから、お客様からのニーズに応えて報酬を得るんです。

自分をブランディングしたら、情報発信を必ず行いましょう。

身につける際の注意点

ブランド力の身につけ方には注意点が２つあります。

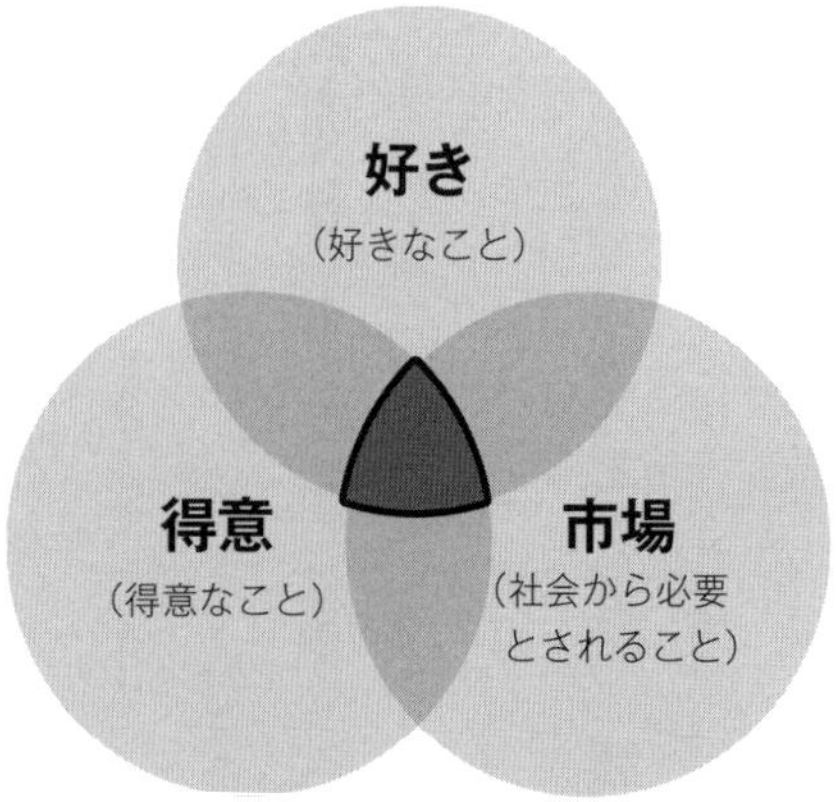

図表1　理想的なキャリア選択の指針

一つは掛け算すべきキャリアの選択を間違わないことです。

せっかく100万分の1になったと思ったら、そんな市場はどこにもなかったというのは切ないですからね。

ですから、「好き（好きなこと）」「得意（得意なこと）」「市場（社会から必要とされること）」の3つの輪が重なっているところをできるだけ目指しましょう（**図表1**）。このうち「好き」と「得意」は自分の問題ですが、「市場」は外部の問題です。

ですから、本書で取り上げた「未来予測

力」をつけておく必要があります。未来予測をしながら、キャリアの掛け算が将来のニーズから外れないようにしましょう。

そして2つ目の注意点は、リスキリングやリカレント教育といったはやりの言葉に踊らされて資格ビジネスのカモにならないようにすることです。

どの資格ビジネスも、「これからの時代に必要です！」とアピールしてきますが、そこは自分でしっかりと考えて判断できないといけません。

この注意点は、大人だけでなく子供にも大いに関係します。お子さんがいるお父さん・お母さんにもしっかりと考えていただきたいところです。

米国の科学ジャーナリストであるデイビッド・エプスタインさんの著した『RANGE（レンジ）知識の「幅」が最強の武器になる』（日経BP）という書があります。この本のタイトルである「RANGE」とは知識や経験の幅を示しています。

世界で活躍している一流と呼ばれているスポーツ選手やビジネスパーソン、アーティストたちの多くは、実は子供の頃からいろいろなことに手を出していて、選択肢の幅を広げてきたことが多くの事例で分かったというのです。

多くの人は、何かの分野で一流になった人はキャリアの掛け算などせずに、子供の頃からその道一筋の英才教育を受けてきたに違いないと思い込んでいるのですが、実はそのような例はわずかに過ぎないとデータが示しているんです。

多くの人の思い込みを覆す衝撃的な本ですので、特にお子さんをどのように育てようかと日々悩まれているお父さんお母さんにはぜひ読んでいただきたいですね。

子供の頃からスペシャリストを育てるために専門的な分野に絞り込んだ英才教育を施すよりも、ジェネラリストとして幅広い体験をたくさんさせておき、将来自分の道を選ぶときの選択肢を多く用意してあげる方が、実は遠回りのように見えて、一流のスペシャリストになりやすいというのです。

しかも、親から押し付けられた道ではなく、自分で選ぶ道ですから、一流になることを楽しめるんですね。

ですから、キャリアの掛け算をするに際しては、早い方がいいと焦る必要はありません。むしろ視野の広い人間に育てる方がいいのです。

専門性を絞り込んだ英才教育のリスクは、将来ツブしが利かなくなることです。もし、その専門性のニーズがなくなったり、本人に適性がないことが大人になってから分かったりしても、ツブしが利きません。

これはとても怖いことだと思います。

また同書では、スポーツのエリート選手とアマチュア選手の練習量を年齢の推移に合わせて表示したグラフを掲載しています。

当然ながらエリート選手たちが活躍しているピークのときの練習量はアマチュアよりも多いんです。ところが意外なことに、15歳ごろまではエリート選手の方がアマチュア選手よりも練習量が少ないんです。

これは、エリート選手が決して子供の頃からその競技の猛特訓を受けていたわけではなく、むしろ子供の頃はいろいろなスポーツを自由に楽しんでいたことが分かるんですね。選択肢の幅を持たせられているんです。

そして、いろいろなスポーツを楽しんだ上で、自分が極めるべきスポーツを選択し、一流まで上り詰めていたんです。

これは衝撃的な研究結果でした。

このことから、もう一つ注意点が浮かんできます。

例えば僕の場合は、最初会社員として営業スキルを身につけ、同時にウェブ制作のスキルも身につけました。仕事上の必要があったからです。

また、マーケティングについても仕事上で必要性を感じたので独学で身につけたのですが、これは楽しかったんですね。僕は大学院時代からデータを分析して価値のある情報を見いだすというデータマイニング（膨大な生データの中から価値のある情報を見つけること）が好きだったんです。

それで続けているうちに、「お金を払うからコンサルしてくれないか？」と依頼されるようになりました。

つまり、あなたがもし会社員なら、職場で本来の業務ではない仕事を頼まれたりプロジェクトに引き込まれたりしたときに、「それは私の業務ではありません」と頑なに拒まない方がいい場合があるということです。

自ら仕事の幅を狭めるのではなく、チャンスがあれば広げてみる。先ほどのエリートスポーツ選手たちのように、いろいろな仕事を試してみて、将来の選択肢を広げておくという考え方を持っていた方がいいんです。

僕の周りでも、他の業務を頼まれたのがきっかけで、自分の能力を生かせる仕事に出合った人はたくさんいます。

ですから、新しい業務や仕事を体験できる機会が訪れたときに躊躇《ちゅうちょ》している場合は、

①未知の領域なので不安だからなのか
②直感的に、あるいは本能的に「嫌だな」と思ってやりたくないのか

を客観視してみてください。

もし①未知の領域で不安だからというのであれば、やってみた方がいいでしょう。面

白いことになるかもしれません。

しかし、②直感的に、あるいは本能的に「嫌だな」と思った業務や仕事であれば、それは先ほどの「好き」「得意」「市場」の3つの輪が重なっている領域から外れているので、やらない方がいいでしょう。

3つの輪の重なりは大切です。「市場」があると、他の2つの輪（好き、得意）が重なっていなくても無理に仕事にしようとします。すると当然ながら苦しむことになります。

例えば漫画を描くことが好きで、しかも「市場」はあるので頑張っている人がいるとします。しかしこの人が仮に、ストーリーの構築が得意ではない場合はどうなるでしょう。恐らく生み出した作品はどれもイラストはうまいのに、ストーリーが壊滅的につまらないと批判されてしまうでしょう。

このような場合は、キャリアの見直しをした方がよいでしょう。もちろん、漫画家の場合は原作者と作画が共同作業することも考えられますので、作画専門の漫画家という道がないでもありません。

また、近年はユーチューバーなどの情報発信者として成功して稼ぎたいという人も多くいます。しかし、これも「市場」のことばかりを考えて、つまり稼げるからという動機だけで始めると苦しむことになります。

情報発信者というのはマラソンランナーです。短距離走者ではなく長距離走者ですので、「好き」や「得意」が重なっていないと絶対に長続きはしません。

情報発信者として成功している人たちは、もちろん誰よりも地道な努力や工夫をしていますが、仕事をしているのか遊んでいるのか分からないほど好きなんですね。

僕もユーチューブで情報発信をしていますが、最新テクノロジーを取り上げて人に広めることが好きで好きで仕方がないんです。楽しいのですね。ですから、仕事をしているのか遊んでいるのか自分でも分かりません。区別しようとも思っていません。だから続けていられるんです。

スキル7

自己主張する力

相手のメリットに
変換して
アピールしよう

スキルの定義

自分の強みを相手のメリットに変換して伝えるスキル

「自己主張する力」とは、自分の優れている点を堂々と、時には厚かましいくらいに主張できる力のことです。自分の優れている点とは、長所やスキルのことで、時には個性も含めていいでしょう。

しかし、単に「自分は偉い！すごい！」とうぬぼれているところを見せるのではありません。自分の強みを、相手にとってのメリットに変換してアピールするところがこの自己主張する力のミソです。

未来に必要な理由

既に世界は自己主張が当たり前

必要な理由①：自己主張する外国人労働者が日本に増える未来

2019年5月13日に、衝撃的な発言がありました。日本を代表する企業であるトヨタ自動車の豊田章男社長（当時）が、日本自動車工業会の会長会見で「終身雇用を守っていくのは難しい局面に入ってきた」と述べたのです。

この発言は経済界や働く人たちの間に大きな波紋を起こしました。既に終身雇用は保証されない時代になったとは言われていましたが、日本の代表的な企業のトップが「難しい」と述べたことで、いよいよ本格的に終身雇用が崩れ始めたことを、改めて実感することになったからです。

この衝撃発言の背景には、次のような日本の現実があります。

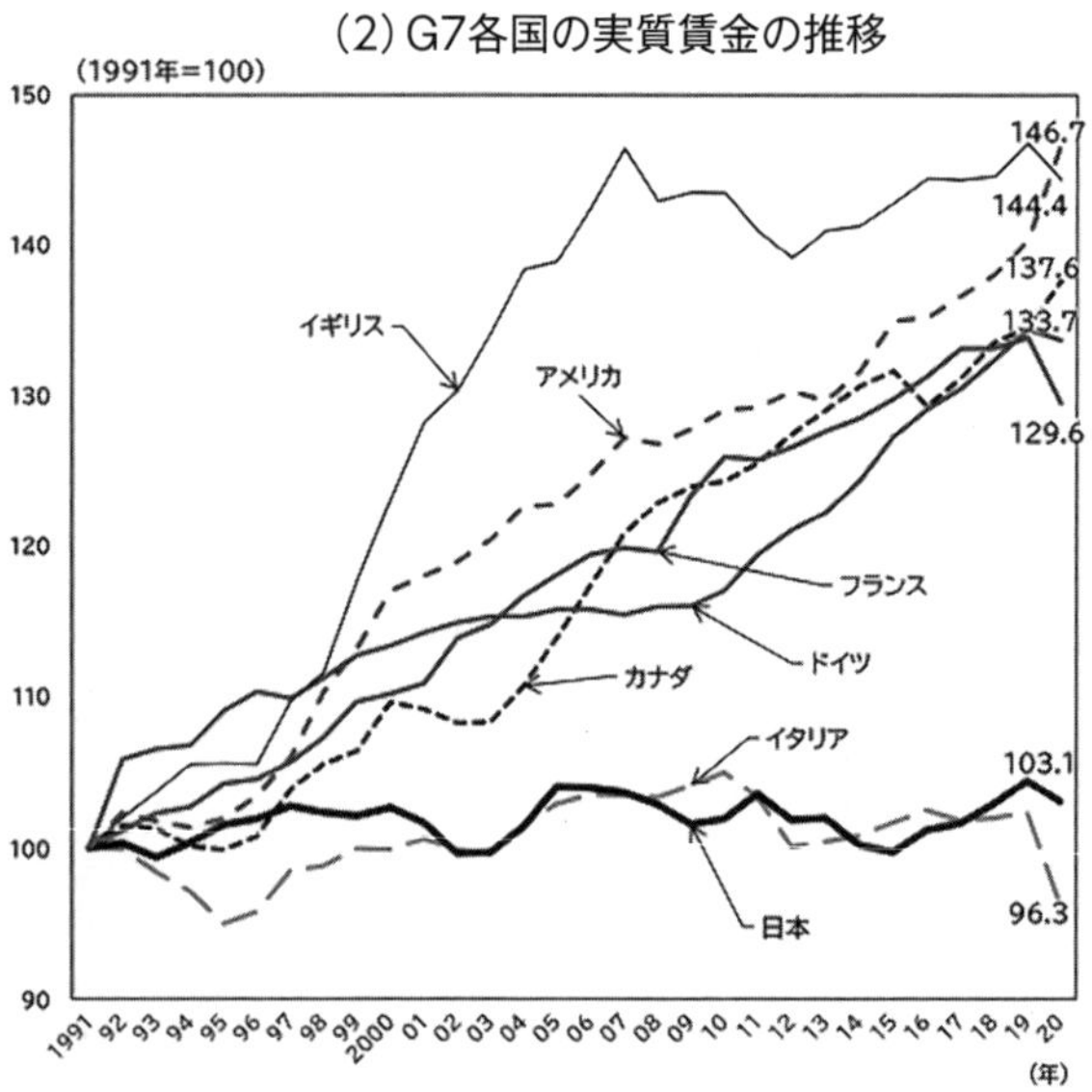

図表2　G7各国の名目賃金と実質賃金の推移

出所：厚生労働省『令和４年版　労働経済の分析　－労働者の主体的なキャリア形成への支援を通じた労働移動の促進に向けた課題－』(https://www.mhlw.go.jp/stf/wp/hakusyo/roudou/21/backdata/column01-03-1.html)

２０２３年５月９日に厚生労働省が発表した３月分の毎月勤労統計調査（速報）で、実質賃金が前年同月比で２・９％減ったことが分かりました。これで、２０２２年は実質賃金がずっと下がり続けていたことになります。

実質賃金とは、名目賃金（実際に受け取った金額ですね）を物価変動で割って算出される数値です。つまり、一見給料が上がったよ

(1) G7各国の名目賃金の推移

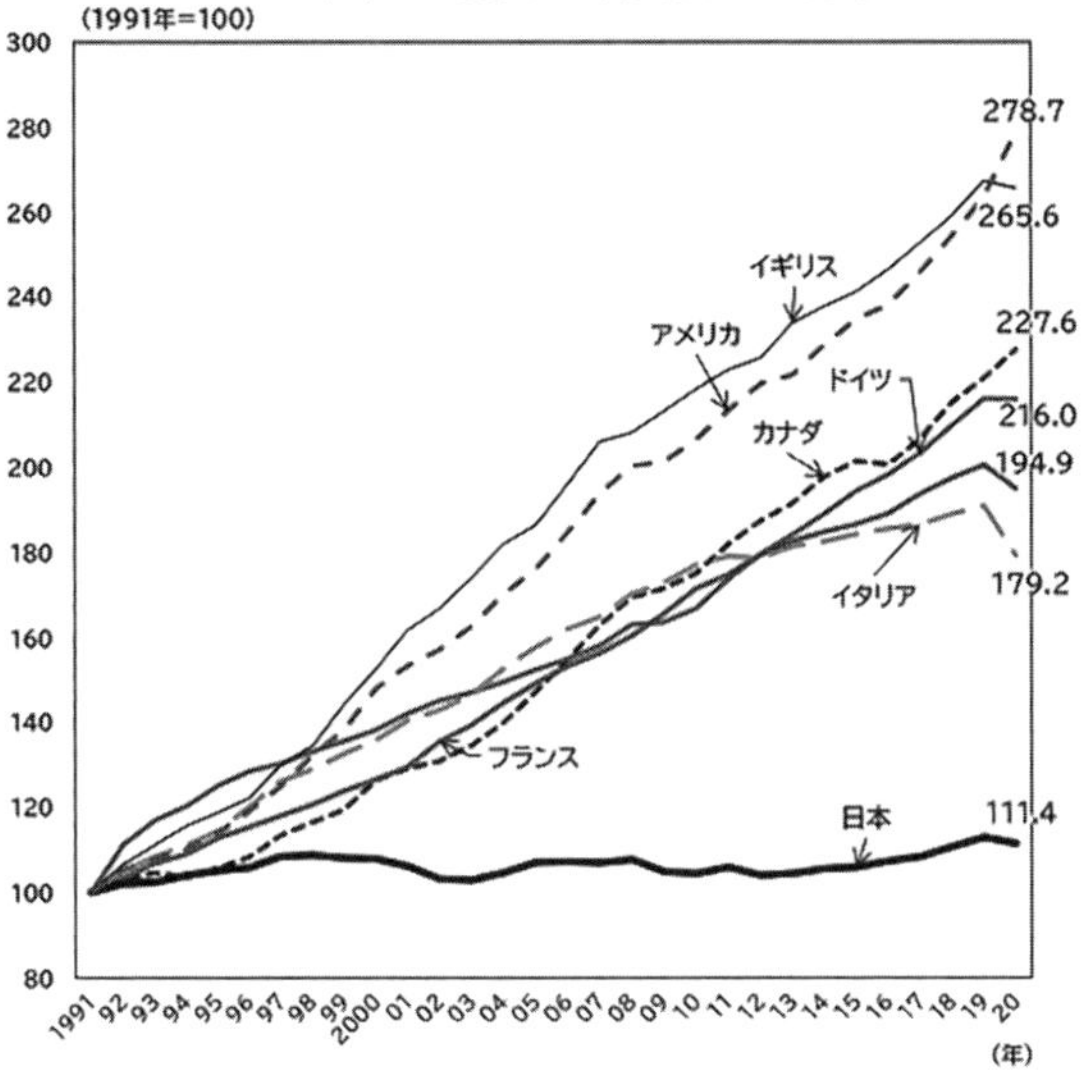

資料出所 OECD.StatにおけるAverage Annual Wages により作成。購買力平価ベース。

(注) 1)1991年を100とし、推移を記載している。なお、OECDによるデータの加工方法が不明確なため、厳密な比較はできないことに留意。なお、我が国の計数は国民経済計算の雇用者所得をフルタイムベースの雇用者数、民間最終消費支出デフレーター及び購買力平価で除したものと推察される。

2)名目賃金は、OECDが公表する実質賃金に消費者物価指数の総合指数を乗じることで算出している。

うに見えても、それ以上に物価が上がっていれば、実質上は給料が下がったじゃないか、ということです。

図表2を見れば一目瞭然ですが、1991年を基点にした場合、G7の中で日本だけが実質賃金も名目賃金もほとんど上がっていません。

さらに将来的な厳しい日本の現実として、生産年齢人口（15～64歳）がすごい

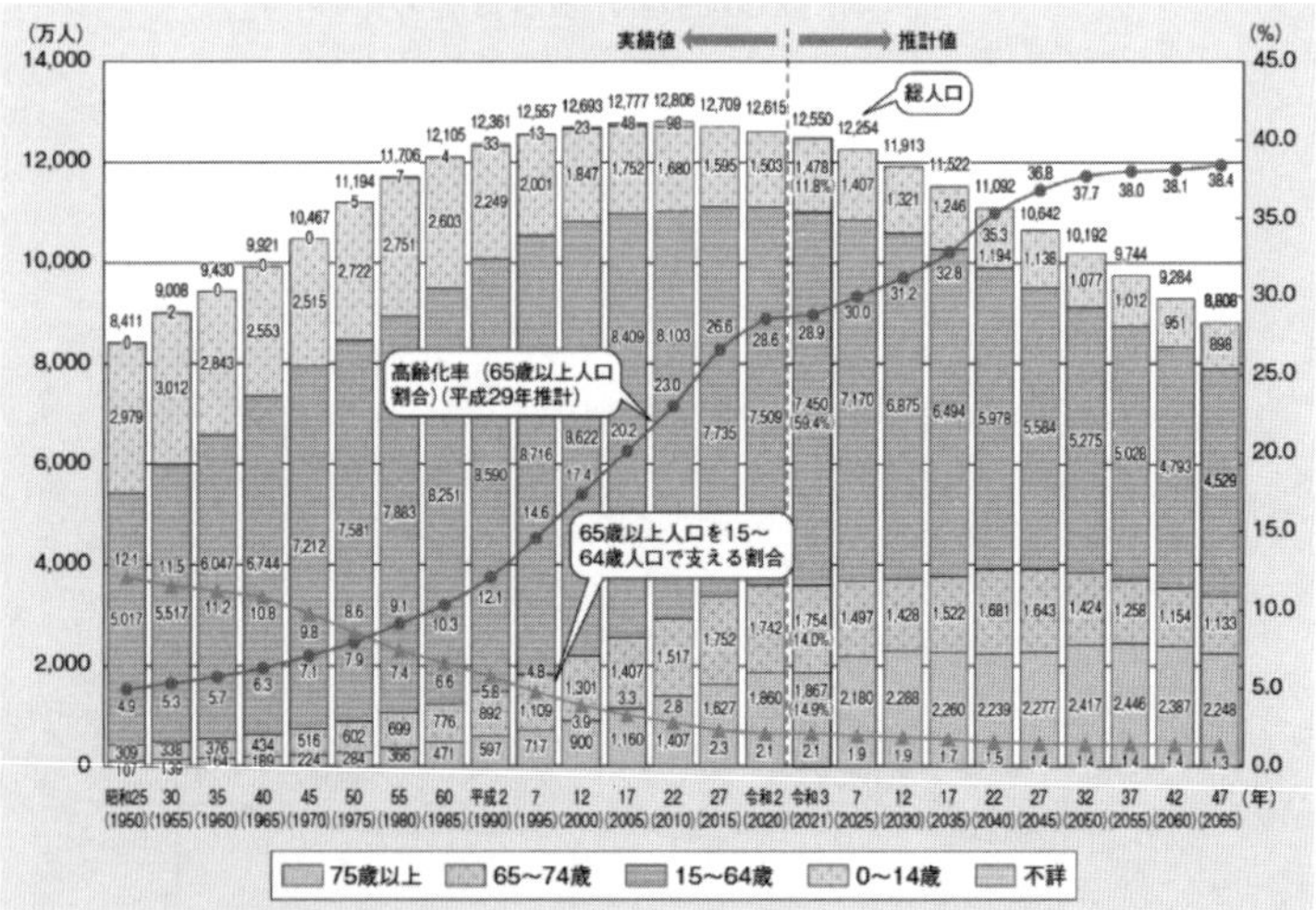

資料：棒グラフと実線の高齢化率については、2020年までは総務省「国勢調査」（2015年及び2020年は不詳補完値による。）、2021年は総務省「人口推計」（令和３年10月１日現在（令和2年国勢調査を基準とする推計値））、2025年以降は国立社会保障・人口問題研究所「日本の将来推計人口（平成29年推計）」の出生中位・死亡中位仮定による推計結果

（注1）2015年及び2020年の年齢階級別人口は不詳補完値によるため、年齢不詳は存在しない。2021年の年齢階級別人口は、総務省統計局「令和2年国勢調査」（不詳補完値）の人口に基づいて算出されていることから、年齢不詳は存在しない。2025年以降の年齢階級別人口は、総務省統計局「平成27年国勢調査　年齢・国籍不詳をあん分した人口（参考表）」による年齢不詳をあん分した人口に基づいて算出されていることから、年齢不詳は存在しない。なお、1950～2010年の高齢化率の算出には分母から年齢不詳を除いている。ただし、1950年及び1955年において割合を算出する際には、（注2）における沖縄県の一部の人口を不詳には含めないものとする。

（注2）沖縄県の昭和25年70歳以上の外国人136人（男55人、女81人）及び昭和30年70歳以上23,328人（男8,090人、女15,238人）は65～74歳、75歳以上の人口から除き、不詳に含めている。

（注3）将来人口推計とは、基準時点までに得られた人口学的データに基づき、それまでの傾向、趨勢を将来に向けて投影するものである。基準時点以降の構造的な変化等により、推計以降に得られる実績や新たな将来推計との間には乖離が生じ得るものであり、将来推計人口はこのような実績等を踏まえて定期的に見直すこととしている。

（注4）四捨五入の関係で、足し合わせても100.0%にならない場合がある。

図表3　日本の生産年齢人口

出所：内閣府『令和4年版高齢社会白書』（https://www8.cao.go.jp/kourei/whitepaper/w-2022/zenbun/pdf/1s1s_01.pdf）

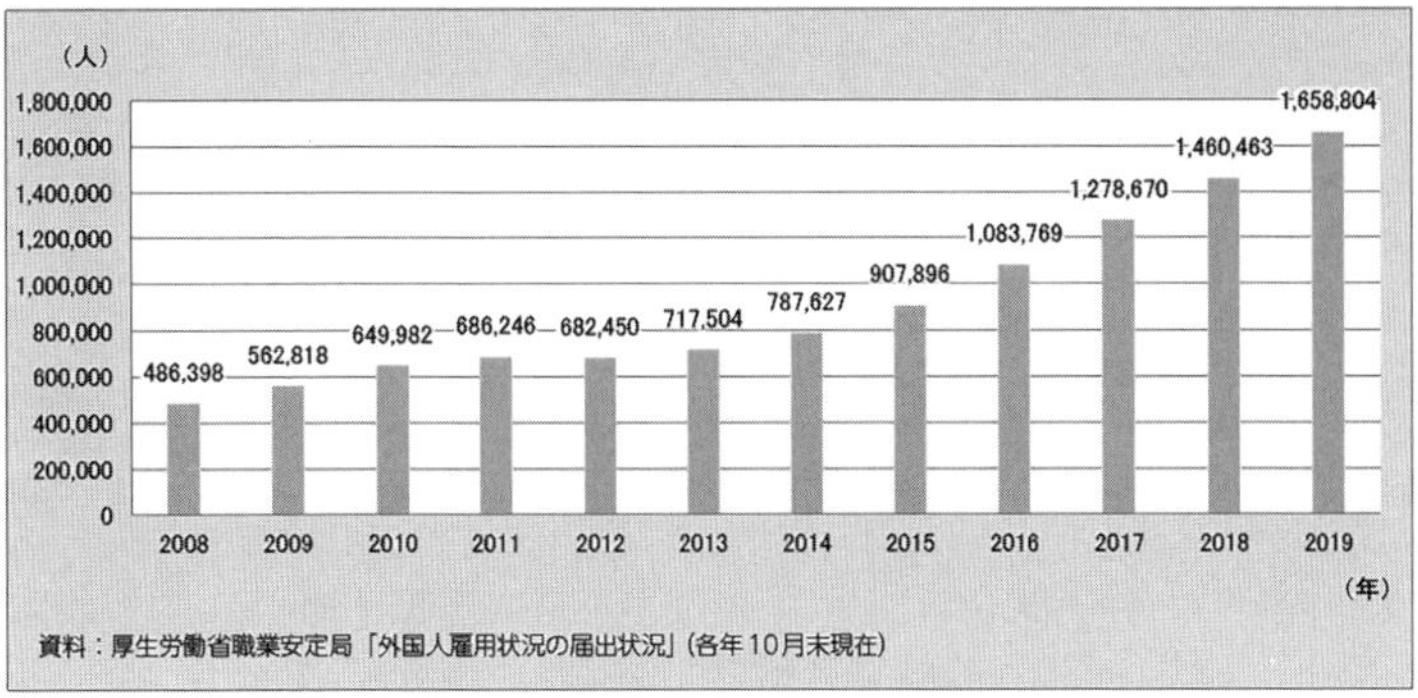

図表４　日本の外国人労働者の推移

出所：厚生労働省『令和２年版　厚生労働白書－令和時代の社会保障と働き方を考える－』（https://www.mhlw.go.jp/stf/wp/hakusyo/kousei/19/backdata/01-01-01-06.html）

勢いで減り続けていることです。**図表3**のグラフを見てください。生産年齢人口は１９９５年をピークとしてそれ以降は減少を続けています。同時に、外国人労働者の数は急増してきました（**図表4**）。

これらの数字を見ても、日本経済の先行きが厳しいことが分かりますよね。Ｇ７諸国の中で実質賃金が上がっている国は、生産性の低いアナログ社員を解雇して、浮いたお金をＩＴに投資して残った社員の生産性を高めてきたからだと僕は考えているんです。

日本では解雇は簡単ではありませんから人件費という大きな固定費があるため、思い切った投資ができない。それで企業全体の生産性を高めるためにより安い人件費で雇える東南アジアからの外国人労働者を増やすことを選んでしまったんじゃないかと思います。

これが失われた30年の原因じゃないでしょうか。この傾向は2030年に向けても急には変わらないと予想できます。ですから外国人労働者は増え続けるでしょう。

米国の経済誌『Forbes（フォーブス）』が2023年4月4日に発表した世界長者番付を紹介します※。

※フォーブス ジャパン『フォーブス世界長者番付、ベルナール・アルノーが初の首位』（https://forbesjapan.com/articles/detail/62183）

1位　ベルナール・アルノー一家／2110億ドル（フランス／LVMH）
2位　イーロン・マスク氏／1800億ドル（米国／テスラ、スペースX）
3位　ジェフ・ベゾス氏／1140億ドル（米国／アマゾン・ドット・コム）
4位　ラリー・エリソン氏／1070億ドル（米国／オラクル）
5位　ウォーレン・バフェット氏／1060億ドル（米国／バークシャー・ハサウェイ）

6位　ビル・ゲイツ氏／1040億ドル（米国／マイクロソフト）
7位　マイケル・ブルームバーグ氏／945億ドル（米国／ブルームバーグ）
8位　カルロス・スリム・ヘル一家／930億ドル（メキシコ／通信事業）
9位　ムケシュ・アンバニ氏／834億ドル（インド／多角事業）
10位　スティーブ・バルマー氏／805億ドル（米国／マイクロソフト）

イーロン・マスク氏（2位）やジェフ・ベゾス氏（3位）、ラリー・エリソン氏（4位）、ビル・ゲイツ氏（6位）など、IT系企業の経営陣が上位にいます。

要するに、IT系はもうかっているということです。

しかし日本では、経済産業省はIT人材の不足は2025年で36万人、2030年で45万人になると予測しているんですね※。

※経済産業省『IT人材需給に関する調査（概要）』（https://www.meti.go.jp/policy/it_policy/jinzai/gaiyou.pdf#page=2）

IT人材不足は既に始まっていて、例えばユニクロを運営しているファーストリテイリングの柳井正会長兼社長は、アマゾンなどのＩＴ企業との競争が激しくなっていることから、優秀なデジタル人材を集めるために、中途採用の年収を最大10億円にすると言っています※。その他の大手企業も従来のメンバーシップ型雇用からジョブ型雇用を導入するシーンが増えてきました。

※日本経済新聞『ファストリ、中途人材に年収最大10億円　ＩＴ大手と競う』（https://www.nikkei.com/article/DGXZQOUC1451M0U2A110C2000000/）

このように、能力が高い人には給料をたくさん払うよ、という雇用姿勢に、先進的な企業からどんどん変わってきています。

このような風潮が出てくると、働く側としても、どんどん自分をアピールできるようになることが重要になってきます。黙々と懸命かつ誠実に働いていれば、きっといつか見る目がある上司が気づいて評価してくれる、なんて悠長に構えていては駄目なんです。

自分がいかに優れているか！どんなスキルを持っているのか！どんな仕事を任されたいか！どんどんアピールしていかないと、自己主張する力が高い外国人労働者に、どんどん良い仕事をもっていかれます。

日本ではこれまで謙遜や奥ゆかしさが美徳とされてきました。僕もそれは日本人の素晴らしいところだと思っていますので、否定する気は全くありません。しかし、こと働く際の姿勢としては、しっかりと自己主張できるモードに切り替えられるようにしなければなりません。

必要な理由②：自分の才能が他人に気づかれず埋もれてしまう

先日マレーシアを訪れる機会がありました。この国は人種の坩堝《るつぼ》です。世界中から様々な肌の色の人たちがやってきて、様々な宗教や料理など、多様な文化が共存しています。シンガポールも同様です。

このような国に滞在していると、そこで暮らしたり働いたりしている人たちの自己主張力の強烈さをひしひしと感じます。自己主張力を意識して鍛えているわけではなく、自己主張しなければ生きていけないくらいに当たり前のこととして身についているんです。

このような多様性に富んだ社会では、自己主張する力を身につけていないと、どんどん蹴落とされていきます。

人だけではありません。企業や店も自己主張が激しい。マレーシアのニトリの入り口には、「日本のナンバーワンの家具店」だと英語で書かれていました。日本ではそこまで自己主張していないのに、海外では自己主張が当たり前なのです。

『フェラーリと鉄瓶 一本の線から生まれる「価値あるものづくり」』（ＰＨＰ研究所）という本があります。スポーツカー・フェラーリのデザインを手掛けた唯一の日本人デザイナーである奥山清行さんの著書です。

この本に、イタリア人の仕事の仕方について触れているくだりがあります。イタリア人たちは、会議が始まると、もうみんなすごい勢いで自己主張し合うというのです。人のデザインを押しのけて自分のデザインをぐいぐい押してくる。

その言い方と言ったら、もうけんかして絶縁状態になって、二度と一緒に仕事できないんじゃないかと思うほどだそうです。

ところが会議が終わると、みんな仲良くカフェに行って和気あいあいとカプチーノを飲んでいると書いてありました。日本ではあり得ない光景ですよね。

恐らく、欧米では意見と人格を分けて議論する習慣が身についているのだと思います。だから相手の意見をボロクソに批判しても、それは相手の人格を批判していることにはならない。「君のその意見には反対だが、君のことは尊重しているよ」と。

ところが日本人は、意見と人格がごっちゃなんではないでしょうか。「そんな意見を言うおまえは最低だ」となりかねません。このあたりの感覚も、これからは身につけていく必要があるでしょう。

いやいや、そんなのイタリアの話だろって思いましたか？

しかし僕は、この本を読みながら、日本もこうなるぞ、と思いました。企業が優秀な人材を厚遇する姿勢を見せ始めた以上、「私はこんなに優秀だ！」と自己主張する人材が世界中から集まってきます。

そんな時代がもう見え始めていますから、急いで自己主張する力を身につけなければなりません。

以前、テレビ東京の『カンブリア宮殿』という番組で、ＭＣの村上龍さんが「日本人の自己主張する力の弱さ」を指摘していたことがありました。

どれほど優れた芸術作品を作っても、その作品を生み出すために必要となった技術力の高さや工夫の巧みさ、大変な努力を払ったことなどを主張しない、「俺のこのアート作品の細かい工夫は、自分でアピールしなくても、分かる人には分かるんだ」という待ちの姿勢でいる日本人はとても損をしているというようなことを言っていました。

ところが欧米人は、その作品を作るに当たってどれだけ自分が大変だったか、どれだけ優れた技術を要したのかをガンガン主張してくる。時には図々しいぐらいに自分のすごさを語る。それで作品の価値を上げていくんです。だから日本人は本当に損していると。

全く同感です。

必要な理由③：ますます即戦力を求める社会

自己主張する力が最も試される場として面接があります。

学生さんが就職活動をする際にも必要ですし、既に社会人であるビジネスパーソンにとってもより待遇の良い会社への転職や、同じ会社でも昇給や昇格、あるいは転属などの際にも必要になります。

特に中途採用では即戦力が求められていますから、ここぞとばかりに自己主張する力を発揮する必要があります。

そこで多くの人が、履歴書や職務経歴書などに、自分の長所や保有している資格を記載したり、事細かな職歴を記載したりするでしょう。

しかし、それは自己主張しているうちに入りません。全くインパクトが足りないのです。

僕はコンサルタントという仕事柄、クライアント企業の人材採用面接に同席する機会が多くあります。面接官としての参加を請われるのですね。

そこで面接を受けに来た人の中には、面接官を唸らせようと、より具体的な実績をアピールする人がいます。

例えばマーケティング部門の人材を求めている面接官に対して、「自分は以前勤めていた○○社では公式インスタグラムの運営を担当しており、集客率を上げることができました」とか、「公式ツイッターでフォロワー数を1カ月間で○％増やし、来客数を○％増やしました」などとアピールしてきます。

するとクライアント企業の面接官は一瞬「おおっ」と反応してしまうのですが、僕は「まだまだですよ。これくらいのことは誰でも言えますから」とくぎを刺します。

しかし、次のようなことをアピールしてきたときは、僕は「これですよ！」と面接官に合図します。

「御社の公式SNSを拝見したところ、競合他社と比較して改善すべき点がありましたのでまとめてきました。この施策を行えば、フォロワーが増えて〝いいね〟が増えるだけでなく、来店していただくための動線を強化してコンバージョン率を高めることができます」

つまり、面接に臨む前にひと仕事してきてしまう人こそ、自己主張の力がある人なんです。

「自分はこんな仕事ができます」を超えて、「自分はこんな仕事をしてきました」とお土産を持参してくる人が現れたときこそ、僕は「この人いいぞ」と判断するのです。

自分にどんな長所があり、どんなスキルを持っているかをアピールしても、単に厚かましく感じられる可能性があります。しかし、相手（就職したい会社）にとってのメリットに変換してアピールできれば高く評価されます。

その最も効果的な方法が、相手のためにひと仕事して見せることなんですね。

ちなみに、ひと仕事して見せる以前の活動として、これからは個人的に運営しているインスタグラムやツイッターなどのSNSのフォロワー数は重要になってきます。いわば、TOEICで何点取っているのかと同じように評価されるようになります。

SNSのフォロワー数などプライベートなことではないか、と思われるかもしれませんが、これからの企業にとっては拡散力や共感力の高い人、あるいはネットリテラシーの高いことが企業のマーケティング力と非常に密接な関係を持つためです。

ですから、まだ何もやっていないという人は、すぐにでもインスタグラムやツイッターを始め、フォロワー数を増やすスキルを身につけておきましょう。

フォロワー数採用という言葉が当たり前になるのもそう遠い未来の話ではありません。

身につける方法　海外ドラマを鑑賞する

自己主張する力を身につける方法は2つあります。

方法①：自己主張の強いシーンが多い海外ドラマや映画を見る

一つは、海外のビジネス系ドラマや映画を鑑賞することです。例えば、米国ドラマの『SUITS／スーツ』やドキュメンタリータッチの『ジ・オフィス』、映画『アイ・フィール・プリティ！』『ザ・エージェント』『ウルフ・オブ・ウォールストリート』など。

今はネットフリックスやアマゾンプライムビデオなどで海外の映画やドラマを気軽に視聴できるいい時代です。『SUITS／スーツ』はニューヨークを舞台に、弁護士たちが競い合いながらキャリアを積んでいくドラマですが、登場人物たちの自己主張の激しさに、米国社会での自己アピールがどのようなものかを臨場感を持って感じることができます。上司に対しても自己主張するシーンは見どころがあります。また『ザ・エージェント』では最初から最後まで熱意だけでのし上がっていくトム・クルーズの演技も見ものです。

この手の自己主張強めの映画やドラマの鑑賞を続けていると、「自分もこれくらいアピールしなくちゃな」とか「なるほどこんなタイミングで主張するのか」といった感覚が身についてきます。とにかく楽しんでいるうちに自己主張する力が身につけられます。

方法②：意見なのか反応なのかを意識する

もう一つは、自分が何かを発言しているときに、常に意見を言っているのか反応しているだけなのかを意識することです。これは社会派ブロガーで著述家のちきりんさんが書いた本『自分の意見で生きていこう「正解のない問題」に答えを出せる4つのステップ』（ダイヤモンド社）の中で言っていたことで、僕は強く共感しました。

例えば誰かに「今日のお昼、何を食べたい？」と尋ねられたときに、「なんでもいいよ」と答えていたら、それは反応しているだけなのです。しかし、「昨日はこってりした中華を食べたから、今日はあっさりしたうどんが食べたいな」と答えていれば、それは意見ですね。

意見を言うことは、自己主張していることなんです。ですから仕事だけでなく、プライベートでも、日ごろから自分が意見を言っているのか反応しているだけなのかを常に意識するようにしておくと、今だ、というときにしっかりと自己主張できる力が身につきます。

他にも具体例を挙げます。例えば同僚から「上司にゴマすって出世しようとするやつってどう思う？」と尋ねられたときに、「まぁ、いろいろな考えがあっていいんじゃない」と答えたらこれは反応です。つまり何かを言っているようで、何も言っていないことと同じです。

しかし、「どんな方法であれ、家族を守るために出世することは大切だからいいと思うぞ」と言えば、これは意見ですし、「ゴマする暇があったら仕事っぷりで出世するべき」というのも意見です。

身につける際の注意点

もちろん、なんでもかんでも意見を言えばいいわけではなく、人間関係上、ここは反応でとどめておいた方がいい、と時には配慮することも大事です。

例えば相手が意見を求めているのではなく、共感を求めているだけの場合、そこに真っ向から意見対立していると毎回ディスカッションみたいになって疲れてしまいます。

僕も時には、特に妻との会話の場合（笑）、意見を言わず反応で終わることもしばしばあります。

ただし大事なのは自分が今、意見を言ったのか、反応しただけなのか、これを意識することです。

以上2つの手法を紹介しましたが、どちらも難しくはありませんよね。やろうと思えばすぐにできます。

スキル8

マネジメント力

ロボット上司の
時代は来ない

スキルの定義　**人を管理する力**

マネジメントの対象はお金やプロジェクトなど様々ですが、本書における「マネジメント力」とは、人をマネジメントするスキルを指します。企業においては部下を管理する上司の仕事になります。

僕のユーチューブで「上司がえこひいきばかりで、ムカつくからフェアなロボットの方がいい、上司やマネジャーと呼ばれる人こそテクノロジーに代替した方が会社は良くなる」という類いのコメントをよく見かけます。

しかし僕は、人をマネジメントする行為は今後なくなるどころか、ますます人の仕事として需要が高まると思っています。

未来に必要な理由　AIは責任を取らない

必要な理由①：働き方の多様化が進んでいる

2030年に向けて、会社員も含めた人々の働き方はより多様化していきます。ワークスタイルだけでなく、働く理由も多様化していきます。この変化に伴って、マネジメントは難しくなってきます。

これまで、働き方の多様性はあまり注目されていませんでした。仕事とはこういうものだ、というそれぞれの会社の社風が共通認識としてあったためです。

企業ごとや業界ごとで働き方や仕事の進め方の習慣が伝統化していましたので、マネジメントもそれほど複雑ではありませんでした。上司から代々引き継がれてきたマネジメント手法を継承していけばなんとか対応できたんですね。

また、社風よりさらに抽象度の高い社会人とはかくあるべきだ！という日本人の共通認識も強くありましたので、出社したときの挨拶の仕方から名刺交換の仕方、退社の仕方、出張の仕方、仕事の依頼の仕方、あるいは上司に相談や意思表示をする際の作法的なこと、ひいては歓送迎会のマナー、飲みにケーションのマナーまで、おおよそ「日本企業ならだいたいこうだよね」って決まっていました。

しかし、近年は社内がフリーアドレスになったり、出社の時間帯もフレックスになったり、あるいは必要がなければ出社せずにテレワークでよいとか、出張せずにオンライン会議で済ませるなど、働き方が多様になってきました。

特にテレワークやオンライン会議はコロナ禍により一気に普及しています。

当然、朝出社してタイムカードを押すのではなくて、自宅からグループウエアにログインして記録を残したり、あるいはそもそも拘束時間では管理できなくなってきたのでクラウド上のプロジェクト管理ツールや成果物でその働きぶりを管理したりするようになってきました。

働く側の意識も変わってきました。

自宅で仕事をするようになれば、スーツを着用する必要もありません。テレワークの場合は皆が同じオフィスで働いているわけではありませんから、これまでは同じオフィス内に居て、特に情報交換しなくても周りの状況がなんとなく把握できていたのが、メールやチャットで具体的な情報交換をしなければ状況が把握できなくなってきました。

このようにして、できるだけ上司や同僚とも直接会わないで済ませることが楽になってくると、人と人の接し方も随分と変わってきています。

例えば僕のクライアントの中には、社員が会社を辞めたいという意思表示をする際、上司に辞表を提出するのではなく、ＬＩＮＥやメールで「今日で会社を辞めます」と送信してくることがあり、そのカジュアルさに上司が面食らっている、という話をよく聞くようになりました。

これまでは大学で運動部に所属していたような体育会系出身の社員はガッツがあり、上下関係に厳格で礼儀正しいと評価される傾向がありました。しかし、昨今ではこの体育会系の社員でさえＬＩＮＥで「ちょっと休みます」や突然「会社辞めます」と連絡してくるので、人材の採用基準が大きく揺るがされているそうです。

いったい何が起きているのでしょうか?

これは、働く人々にとっての選択肢が増えてきたことによります。

連絡方法の選択肢も増えていますし、ワークスタイルの選択肢も増えています。また、これまでは一つの会社に長く勤めることが善とされてきましたが、今は転職してキャリアアップを目指したり、より自分に合っている仕事を探したりすることがむしろ必要なことと考えられるようになってきています。

つまり働く場所の選択肢が増えたことになります。

この、働き方の選択肢が増える流れは、止まることはありません。

台湾のデジタル担当政務委員であるオードリー・タンさんは、著書『オードリー・タン デジタルとＡＩの未来を語る』（プレジデント社）で「良い未来とは何か」という問いに対して、人生の選択肢が増えている未来だと答えています。

文明の進化と多様性はセットということですね。

実際、現代の日本人である僕たちは、江戸時代の日本人よりもあらゆる場面ではるかに多くの選択肢を手にしています。隣町に移動するにしても、江戸時代なら歩くしかなかったのが、今では自転車、タクシー、バス、電車などいくつもの選択肢があります。

それほど時代を遡らなくても、例えば働き方にしても正社員だけでなく、派遣やアルバイト、副業、フリーランスといった選択肢がありますし、働く場についてもオフィスだけでなく自宅やカフェ、シェアオフィス、コワーキングスペースなどいくつもの選択肢を持っています。

働く時間帯も、9~17時とは限りません。テレワークが前提の企業に就職するのであれば、住む場所も通勤圏の必要がありません。日本中どこでもよいですし、海外で暮らすことすら可能です。

そして会社を選ぶ基準や会社に求めるものも多様化してきました。

残業時間の少なさなのか、仕事のやりがいなのか、給料の高さなのかテレワークが可能なことなのか。仕事の内容についても人と会うのか会わずに済むのか、チームワークなのか一人で完結できるのか。言われたことをするのか、自分で企画するのか。責任が重いのか軽いのか。

特にテクノロジーの進歩・普及と感染症流行が、人々の行動様式や価値観を急激に転換させたことから、働き方の選択肢が一気に増えています。

さらに、世界的なトレンドとしても、ＳＤＧｓ（国連が提唱する国際目標。日本語では「持続可能な開発目標」という）に代表されるように多様性を求めることは人類にとって大切なことであるとの認識が広まっています。

その結果、働き方だけでなく、人生観や価値観、生き方などが多様化した人たちをマネジメントするためには、より高度なスキルが必要とされるようになったんです。

このことは、マネジメント力がある人の付加価値が高まっていることを意味します。

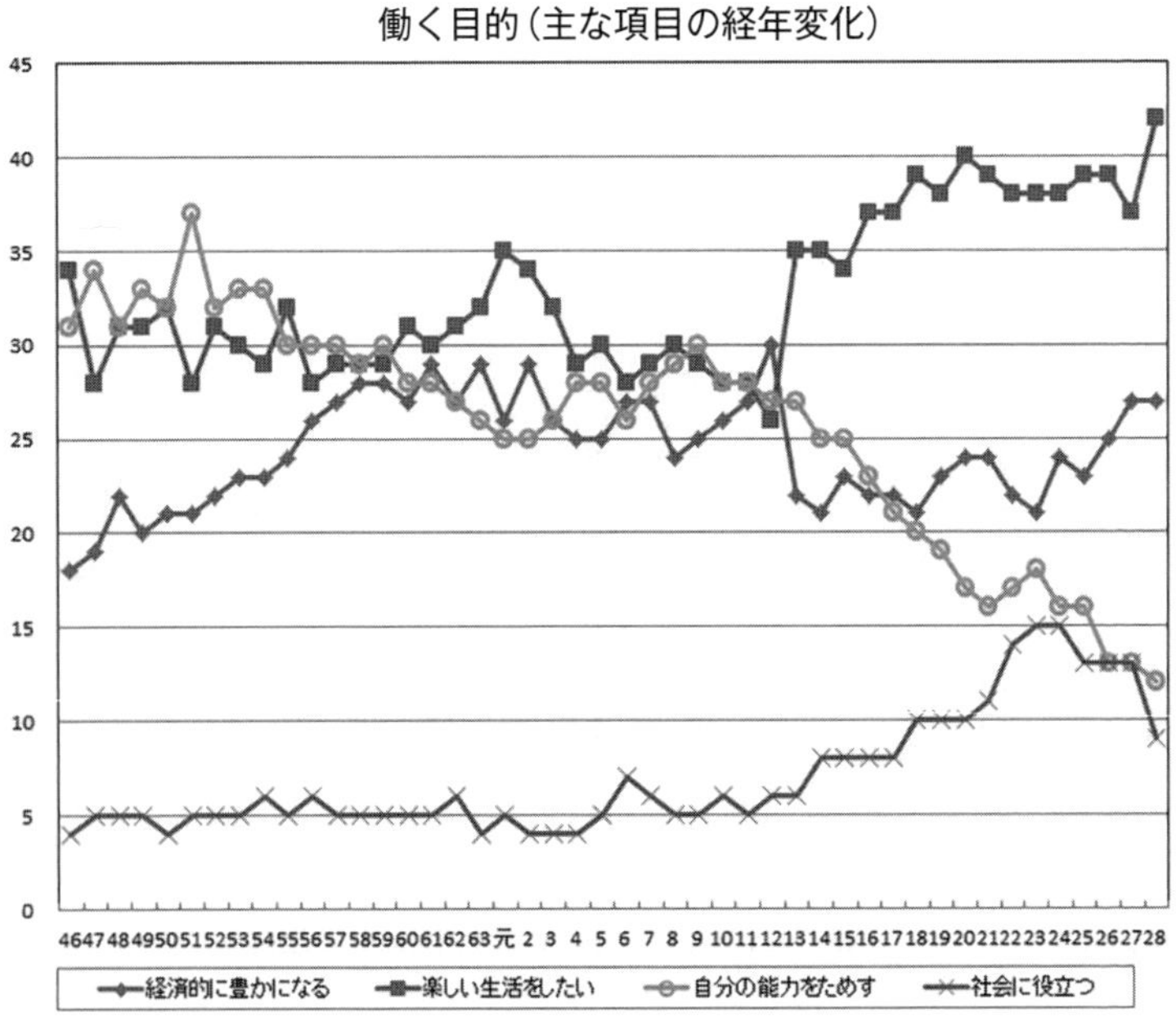

図表5　働く目的の変化

出所：（公財）日本生産性本部 平成28年度新入社員「働くことの意識」調査（https://www.jpc-net.jp/research/detail/002806.html）

図表5のグラフが示すように、「楽しい生活をしたい」ことが働く目的である世代が増えています。マネジャーは「自分の能力をためす」ことを重視してきたのだとしたら、従業員をマネジメントするのは簡単ではありません。

いかに働き方が多様化しても、企業や組織はなくなりません。なくならない以上、組織でマネジメントに携わる人材も必要とされ続けます。

必要な理由②：テクノロジーは責任を取ってくれない

僕がユーチューブで「人の仕事はテクノロジーにリプレースされる」といった予測の話をすると、多くの人がコメントを書き込んでくれます。そこには、「ほんと、今の上司はテクノロジーでリプレースされてほしい」とか「もう政治家いらんからテクノロジーでリプレースされてほしい」というコメントが大量に投稿されます。

気持ちは分かります。しかし冷静になってみましょう。忖度《そんたく》なしに冷徹に最適解を求めるロボット上司やロボット政治家が出てきたら、さらに不満が高まるのではないでしょうか。

確かに今の上司は、仕事ができる自分よりもゴマすりが上手な同僚の方を評価しているとか、しょっちゅう言っていることが変わるとか、気に入らないところがたくさんあるかもしれません。

しかし、これがデータ上の数値で冷徹に判断するＡＩ上司になると、忖度も情状酌量も一切なく即断即決されてしまいます。ある結果に対して目標値にわずか1点でも足りなければ「今、評価を下げました」とやられてしまいます。

これが人間の上司であれば、「わずかに目標値に達しなかったけれども、ここに来るまでの努力や工夫が並大抵のことではなかったことを見ているからな。この不足分は誤差みたいなもんだろ。よくやったと思うぞ、俺は」と褒めてくれるかもしれません。

どちらがいいですか？

例えば、半期ごとの人事評価において、ＡＩ上司だったら4回連続目標をクリアできなかった人員に対して機械的に「昇格も昇給もなし」と判定するかもしれません。まぁ、実際にはもっと多くの変数を読み取ることができると思いますが、基本的にはこうなります。

しかし人間の上司であれば、「君ともあろうものが、このところ調子が悪いようだが、何かあったのか？」と飲みに誘ってくれるかもしれません。場合によっては、「彼は数値的には確かに4回連続で目標をクリアできなかったが、最後の4回目はあと一歩だった。条件をクリアできていないが、俺の見立てでは筋はいいはずだ。立場が人をつくるともいうからな。ここは一つ、あえて4回目はクリアしたということにして、彼を昇格させてあげようじゃないか」と期待をかけてくれるかもしれません。

人のマネジメントは一筋縄ではいきません。ＡＩは合理的かつ客観的な判断をしますから、気分のむらもなく公平で、数値化が可能なデータだけで判断します。49対51だった場合、49の頑張りや可能性を鑑みず、容赦なく51を選びます。

しかし、数値化の対象から漏れている情報（今は49だけどこの1カ月は前向きに頑張っているし、将来の伸びしろがあるのはこっちかも？）まで拾い上げることができる優秀なマネジャーが必要なのです。

政治の世界も同じです。議席数が多ければなんでもできるかというとそんなことはありません。少数派の意見にも配慮すべき判断事項はいくらでもあります。機械的な判断では犠牲になる部分が大き過ぎる、それが人の世です。

場合によってはあえて合理的な判断を避け、譲歩や妥協、駆け引きなどの複雑な手続きを経なければ解決しない問題もあります。外交問題などは特にそうです。

だから政治家は人間でなければなりません。もちろん、弊害も大きいのですが、それを少しでも改善していこうというのが人の社会だと思います。

要するに、人間というのはどこまでも非合理的な生き物なんです。

相田みつをさんの「にんげんだもの」ってことですよね。

そしてテクノロジーには重大な欠点があります。

それは、責任を取れないことです。

人間の上司や政治家は、必ずしも万能ではありませんが、責任を取ることができます。責任の取り方は状況により変わりますが、自らの采配で過失が生じたときには、何らかの形で責任を取ることができます。

だから、真剣に意思決定するわけです。そのために、給料も高いのですね。

しかしテクノロジーは責任を取れません。もし、テクノロジーが原因で失敗した場合は、テクノロジーの出した結果にゴーサインを与えた人間が責任を取ります。もしくはそのテクノロジーを採用した人間や開発した人間が責任を取ることになるかもしれません。

ビジネスシーンでも、例えばＣｈａｔＧＰＴで作成した資料にミスがあれば、ＣｈａｔＧＰＴは責任を取れませんから、その資料を採用した社員やその上司が責任を問われるわけです。

よく考えてください！自分で生成した資料の責任さえ取れないんですよ、そんなテクノロジーが複数の人間のまとめ役である上司になることなんてあり得ないのがお分かりいただけたでしょうか。

ということで結論です。マネジメントは、人がますます多様化するので難しく、かつ、どれほどテクノロジーが発達しても、人に必要とされるスキルなんです。

身につける方法　集約すれば5つに絞れる

マネジメント力をつけることは簡単ではありません。

書店に行けば、優れたマネジャーや上司、管理職になるための心得を説いた本は山ほどあります。つまり、マネジメント力をつけるためのノウハウやしなければならないことは山のようにあるわけです。

しかし、僕は上司と呼ばれる人たちの仕事は、つまるところ次の5つしかないと考えているんです。

- ゴールを示すこと
- 聞いて褒めること
- 俯瞰すること
- 意思決定すること
- 責任を取ること

この5つをクリアできていれば、とりあえずは理想の上司と呼ばれて部下たちからリスペクトされます。まぁ、現実には他にも清潔感やら見た目やら話し方などの印象もありますが、それは読者であるあなたにお任せします。とにかくこの5つが重要です。

特に「聞いて褒めること」と「俯瞰すること」は大事なので説明しますね。

身につける方法①：聞いて褒めること

「聞いて褒める」とは、上司ぶって一方的にアドバイスしないことを意味しています。

上司という立場になると、「これは部下にアドバイスしなければならない」と意気込んで、つい一方的にアドバイスしてしまいがちです。しかし僕は上司育成の社員研修などでも、「8割聞いて2割話す」ようにアドバイスしています。

部下から相談されると、「よっしゃ！頼られた！うれしい！」とばかりに話し始めてしまう人がいますが、そこはぐっとこらえてまずは聞いてあげましょう。

そして、褒めることを意識してください。日本人は褒めることが苦手です。褒め慣れていないので、褒め方が下手です。褒めるときは具体的に褒めるのがコツです。

例えば部下がお客様相手にプレゼンテーションをして、それがとても効果的だったときに、「おい、今日のプレゼン、良かったよ。頑張ったな！」という褒め方だと具体的じゃないのでうれしさも半減です。

もっと具体的に褒めなければ効果がありません。例えば、「今日のプレゼンは起承転結のメリハリが利いていてお客様を飽きさせなかった。特にサービス全体の流れを説明した４枚目のスライドの説明が秀逸で説得力があったな、あのスライドで先方さん目の色が変わっていたぞ！」などと褒めます。

すると褒められた部下は、まさに自分が工夫したところが評価されたとうれしくなります。本人は、自分が努力した部分や知恵を絞った部分に気づいてもらえると、「頑張ったかいがあった！」と報われた感を得られるんです。「あの４枚目のスライドだけは他のスライドより何倍も時間をかけたから気づいてくれてうれしい！」となるんですね。

これができる上司は優れた上司です。

身につける方法②：俯瞰すること

「俯瞰する」とは、思考の階層を一つ上げることを示します。分かりにくいですよね。

例えば２０２３年のＷＢＣ（World Baseball Classic）で、日本は見事に世界一になりました。しかしいくつかの試合では、日本チームで結果を出せていなかった選手が何人かいました。

そのような選手たちに対してダルビッシュ有選手は「人生の方が大事だから、野球ぐらいで落ち込む必要はない」と声をかけているんです。

普通は、プロ野球選手同士ですから、プロとして同じ目線でのアドバイスになります。「もっと肩の力を抜いた方がいいぞ」とか「鏡を見ながら素振り練習をやってみると問題点が分かるのでは？」、あるいは「下半身の使い方がいつもより甘いんじゃないか？」などとアドバイスするのが自然です。

これが選手同士のアドバイスで、会社で言えば同僚同士のアドバイスですね。

ところがダルビッシュ選手は「人生の方が大事だから、野球ぐらいで落ち込む必要はない」と言うわけです。思考の階層が、一段階上がっているわけです。

「人生は野球（職業）より上」ということですね。

国を背負った選抜のプロ野球選手に対して「野球ぐらいで」とは、なかなか言えないのではないでしょうか。彼が本当に選手みんなの心のキャプテンだったことが分かります※。

※実際には、監督だった栗山英樹氏は誰もキャプテンに指名していません。しかしテレビ中継を見ていれば、ダルビッシュ選手が実質のキャプテンになっていたのは、あなたも感じたと思います。

結果を出せずに落ち込んでいた選手たちは彼のアドバイスに心が救われ、開き直れたんじゃないでしょうか。

それではビジネスシーンではどのような状況が考えられるでしょうか。

ある企業が自社製品の販促活動の一環として、インスタグラムを活用していたとします。あるとき、投稿する写真はAかBかで担当者の2人の意見が割れました。お互いに譲らない状態で膠着してしまったため、2人はマネジャーであるあなたに相談に来ます。

ここであなたが、「私は写真Aの方が商品のコンセプトに合っているような気がするなぁ」などと意見を言った場合、それは社員と同じ目線でのアドバイスとなり、単に3人目の社員が加わったに過ぎない状態になります。

ここではマネジャーとして「俯瞰すること」が求められます。すると次のようなアドバイスが考えられます。

- そもそも、2人が選んだ2枚の写真以外の選択肢はないのだろうか?
- そもそも、写真ではなく動画の方がよいのではないだろうか?

さらにもっと俯瞰すると、

● そもそも、競合を分析した上で議論しているのだろうか？ 今新しい写真を投稿する最適なタイミングなのだろうか？

● そもそも、インスタグラムである必要はあるのか？ 他のＳＮＳの方が販促効果は高くないのだろうか？

さらにもっともっと俯瞰すると、

● そもそも、公式インスタグラムを運営する目的はなんだったのか？ 今この２人の能力をＳＮＳ以外に向けた方が会社の売り上げが増えるのではないだろうか？

このように「そもそも論」で考えると、思考の階層を何段階も上げて俯瞰した視点からのアドバイスを行うことができます。

身につける際の注意点

ここで、一つ注意したいことがあります。

上司としてかっこいいところを見せなければならないと気負った人が、ロジカルかつクレバーに部下を論破しようとしてしまうことです。昨今の論破ブームの影響かもしれませんが、相手を論破することが自分の権威を高めると勘違いしている人が多くなってきている気がします。

人の上に立つ人は、人間がいかに非合理的な生き物であるかを肝に銘じておかなければなりません。

「あなたは合理的で正しいかもしれないけれども、理詰めの正論で皆の前で僕に恥をかかせた！ムカつくから従いたくない」、こう思うのが人間という生き物なんです。

ですから、論破する行為というのは、百害あって一利なしです。恨みしか残しませんから。

恨みを残すという点では、上司にも最低限守るべきマナーがあります。

部下を褒めるときには人前で褒めて、叱るときにはこっそりと呼び出して誰もいないところで叱ることです。昔からいわれていることですが、最近の論破ブームのせいか、不用意に人前で叱りつけてしまっている場面を目にします。

また、上司は叱ってもいいですが、怒ってはいけないと思います。

叱るというのは相手のための行為ですが、怒るのは自分のための行為なんですね。ここを自覚していなければなりません。

スキル9

英語力

自動翻訳がはやるほど英語力が必要

スキルの定義　**英語でコミュニケーションするスキル**

「英語力が大事だ」と、昔からたくさんの人が繰り返し唱えています。あなたの耳にもタコができているかもしれません。未来のビジネススキルというタイトルの本書も中盤になったところで、僕はあえて「英語力」を挙げます。

「今さら英語なの？」と思うかもしれませんね。多言語を自在に翻訳できるＣｈａｔＧＰＴなどが登場し、携帯用翻訳機が販売され、スマホでも翻訳アプリが利用できる時代です。「今後、ＡＩが進歩してますます機械翻訳機能が発達するので、英語の勉強はさほど必要ではない」と、インテリ層の人たちも言い始めています。

確かに、「ＡＩの進歩によって、もはや人類は外国語を勉強する苦労から解放された！」と手放しで喜びたいところです。

しかし僕は、そんな時代だからこそ、英語を話せる人の価値がさらに高まると考えているんです。

未来に必要な理由　自動翻訳機では補えないことがある

必要な理由①：英語の価値は日本語の20倍？

まず大前提として押さえておきたい事実は、日本の市場が縮小の一途をたどっていることです。日本の人口はざっと1.2億人で減りつつありますが、世界は現在の80億人から１００億人まで増えていくだろうと予測されています。

そしてもう一つの前提として、既に20億弱の人たちが英語を話せますし、この人数は今後増えていくと予想されることです。つまり、日本の人口の20倍ほどの人たちが英語で意思疎通できるのです。

これをビジネス機会として捉えれば、日本語で話しているよりも英語で話す方がビジネスチャンスが20倍になるということです。良きビジネスパートナーに出会える可能性も20倍になりますし、活躍できる場所も20倍、転職できる可能性も20倍。

ついでにプライベートでいうと、理想の恋人に会える可能性も、親友に会える可能性も、最高の趣味を見つける可能性も、すべてが20倍です。

中にはテクノロジーのテの字も感じさせない新興国もあります。そんな国で働けば当然テクノロジーに仕事を奪われるかも?とビクビクすることもありません。

かなり大ざっぱに言っていますが、要するに英語を話せるようになれば、あらゆるチャンスが数十倍になるということです。この当選確率がめっちゃ高い宝くじを買わない手はありません。

それで僕も今、遅ればせながら英語を一生懸命勉強しているんです。

必要な理由②：あなたの言葉は7％しか届いていない

でも、ＡＩの翻訳機能が高まっているんだから、英語の勉強は要らないんじゃないの？と考えたくなりますよね。人はどうしたって楽な方に流れます。

ここでぜひ知ってほしいのは「メラビアンの法則」です。米国の心理学者アルバート・メラビアン氏が行った実験結果が俗に解釈されて広まっている法則ですが、かなり説得力があります。

人が話をしたときに受け手に与える影響は、目で見たしぐさや表情などの影響が55％、声のトーンや話す速度などの声の調子が38％、そして残りのわずか7％が言葉の影響だ

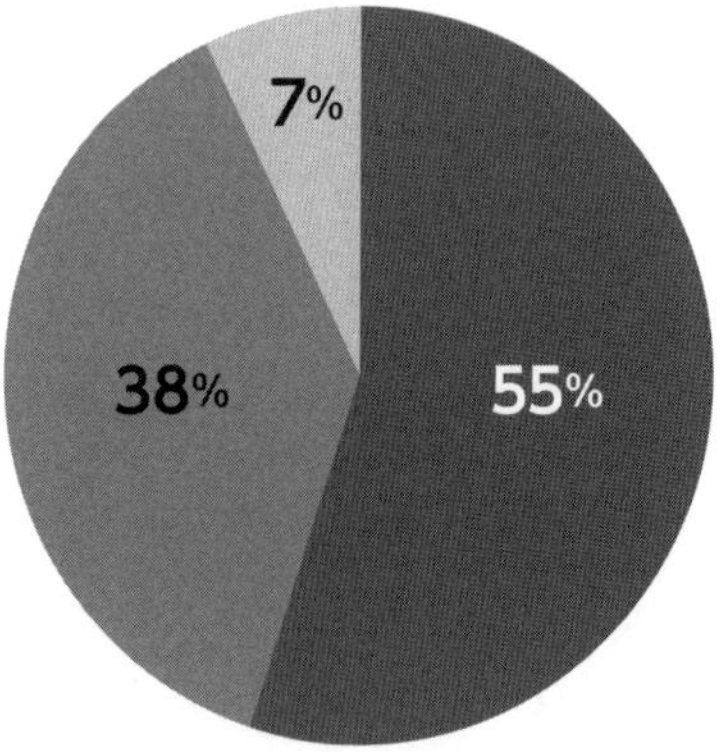

図表６　メラビアンの法則

というのです（図表６）。

これ、衝撃的な実験結果ですよね。極端に言えば、あなたの言葉は７％しか届いていません、ということですから。あとは見た目やらしぐさやら、口調やら。

この数値が正しいと仮定すれば、言葉しか扱えない翻訳機で通じ合えるのはわずか７％に過ぎないことになります。人と人とのコミュニケーションというのは、それほど単純な要素で成り立っているわけではなかったのです。

ただし、１週間ほどバカンスで海外旅行

を楽しみたい、という用途であれば、翻訳機は実用に耐えるでしょう。機能も十分かもしれません。レストランで食事を頼んだり、道を尋ねたり。

しかし、ビジネスパートナーとしてがっつりとコミュニケーションを取らなければならなくなると、わずか7％しか通じない翻訳機に頼っているわけにはいきませんよね。間違いなく人間関係がギクシャクしてしまいます。

それに、コミュニケーションを取ろうとするたびにデジタルデバイスを用意してイヤホンやヘッドセットを装着するのは面倒です。またはお互いの真ん中にスマホを置いて画面を見ながら話すのも面倒です。さらにコミュニケーションは会議中だけに行われるのではなく、仕事中や廊下ですれ違ったとき、あるいはランチや飲みに行った先、翻訳機が音を拾えないぐらいにぎやかなスポーツバーで話が盛り上がるかもしれません。

そんなときに、いちいちデジタルデバイスを用意しなくても、いきなり会話を始められたらすごくよくないですか？

いちいち翻訳機を取り出して7％しか伝わらない言葉でコミュニケーションを取ろうとしている人同士と、出会い頭に「はーいタカシ。例の仕事の調子はどうだい？順調に進んでる？そういえば、おいしい店を見つけたんだけど、これから一緒に行かないか？」と共通で理解できる言語を使って表情や身振りも含めたコミュニケーションを始められる人同士とでは、明らかに後者の方が親密度を高められますよね。情報も気持ちもよく伝わります。

あなたの職場に外国人が転属してきて挨拶する場面を想像してみてください。

1人目は、携帯用翻訳機を突き出して何やら分からない自国語で話し出したとします。翻訳機からは「私の名前はマイクです。私は米国から来ました。私は今日からここで働きます。皆様よろしくお願いします」とタイムラグを生じながらＡＩの抑揚のない合成音声が流れてきます。

2人目は、片言ですが、一生懸命身振り手振りを交えながら自分の口で話そうとします。「わたーしはマイクです。アメーリカから来ました。まーだまーだ日本語難しい。だけど私ばんばるよ！よろしこお願いします」と、笑顔を見せて頑張って話してくれたとしたら、あなたはどう思うでしょうか。

なんとかこちらの言葉でコミュニケーションを取ろうと懸命になっている人の方に親しみを感じないでしょうか。「友達になって、いろいろ日本のこと教えてあげよう！」と。

また翻訳機に頼っていると、ネットが通じないところや電池切れではどうにもならなくなりますし、雑音が多かったりクロストークしまくったりしているような場では使い物になりません。

翻訳機を使うと、話し手と聞き手の間にかなりのタイムラグが生じます。このタイムラグが、コミュニケーションを取る上では、何とももどかしいですね。

しかも話し手の表情や身振り手振りは既に終わってから聞き手に言葉が届きますか

ら、やはり7％の意思疎通となってしまいます。

つまり、翻訳機を通していたのでは充実したコミュニケーションが成立しないんです。その結果、信頼関係を醸成することが難しくなります。

ですから、英語を話せるようになることが、外国人と意思疎通し、信頼関係を築くためには絶対に必要なんです。

身につける方法

いろいろなスタイルで学べる時代

英語を話せるようになる方法（メソッド）はたくさんありますが、先述の通り僕自身勉強中なので、僕がこの場で語ることではありません。

英語を習得したプロの本を読んだり、英会話教室に通ったり、留学したり、自分にあった方法で学べばいいと思います。

ちなみに僕はオンライン英会話教室で学んでいます。好きな時間に隙間時間を使って学べるからです。

身につける際の注意点

僕の妻は、学生時代に1年間米国に留学し、英語を話せるようになりました。その彼女から留学の際の注意点を聞きました。せっかく留学しても、現地の日本人コミュニティーに属して入り浸っていては、英語を話せるようにはならないんだそうです。

彼女と同じように留学した人でも、寂しさのあまり、日本人のコミュニティーに属してしまった人たちの中には、3年たっても英語が話せないなんて人がザラにいたとのことです。やはり必然性が違うからですね。

せっかく留学するのであれば勇気を出して、現地では日本人とつるまないようにする覚悟が必要だと言っていました。確かにせっかく海外に行くのですから、英語が日常的に話されている環境に身を置くことは、最も効果的に思えます。

また、これからは英語よりも中国語を学んでおいた方がいい、という意見もありますが、特に中国でやりたいことがある！とか中国の文化が大好き！などの特別な理由がなく、なんとなく日本語以外をマスターしたいという場合は、これからも国際語は英語ですので、英語を学んでおいた方がよいでしょう。

グーグル米国本社副社長兼グーグル日本法人代表取締役社長を経験された村上憲郎《のりお》氏は著書『Ｇｏｏｇｌｅが教えてくれた　英語が好きになる子の育てかた』（ＣＣＣメディアハウス）にて、第一次世界大戦で英国が勝ち、第二次世界大戦で米国が勝ったことで、もう、英語が国際語のスタンダードであることは地政学上、これからも変わらない、といったことを書かれています。

第3章

AIに代替できない「自分を見つめ直すスキル」

スキル10

レジリエンス

スキルの定義

失敗しても落ち込まないメンタル

「レジリエンス」にはどんぴしゃりの日本語訳がありません。アカデミックなフィールドでは「復元力」と訳される場合がありますが、本書では「失敗から立ち直る力」というニュアンスで使います。「レジリエンスが高い」とか「レジリエンスが低い」などと言います。

レジリエンスが高い人は、仕事でミスしても一晩寝て翌朝目が覚めたら、「よし！昨日は昨日、今日は今日！また、今日から頑張るぞ！」とポジティブな気持ちに復帰できている人です。もしくは、一晩寝るまでもなく、30分後には立ち直ってポジティブに仕事をしている人もいますよね。最高なのは「そもそもミスしても全然凹まない」状態です。

逆にレジリエンスが低い人は、会社で上司に叱られたりすると、夜になってベッドに入ってからも、「ああ、もう明日から会社行きたくない」と思いぐっすり眠れない状態が続き、翌朝目覚めても昨晩のネガティブな気持ちを引きずって、「今日は体調が悪いのでお休みさせていただきます」と上司に（電話ではなく）メールしてしまう人です。

未来に必要な理由　人がより多く失敗する時代になる

必要な理由①：失敗に遭遇する頻度が高まる

世界保健機関（ＷＨＯ）は、２０３０年に人類を最も死に至らしめる病気は「うつ病」だと予測しました（**図表7**、図右上の「Unipolar depressive disorders」がうつ病を示す）。

その背景にあるのは、ＡＩをはじめとするテクノロジーの加速度的な発展です。

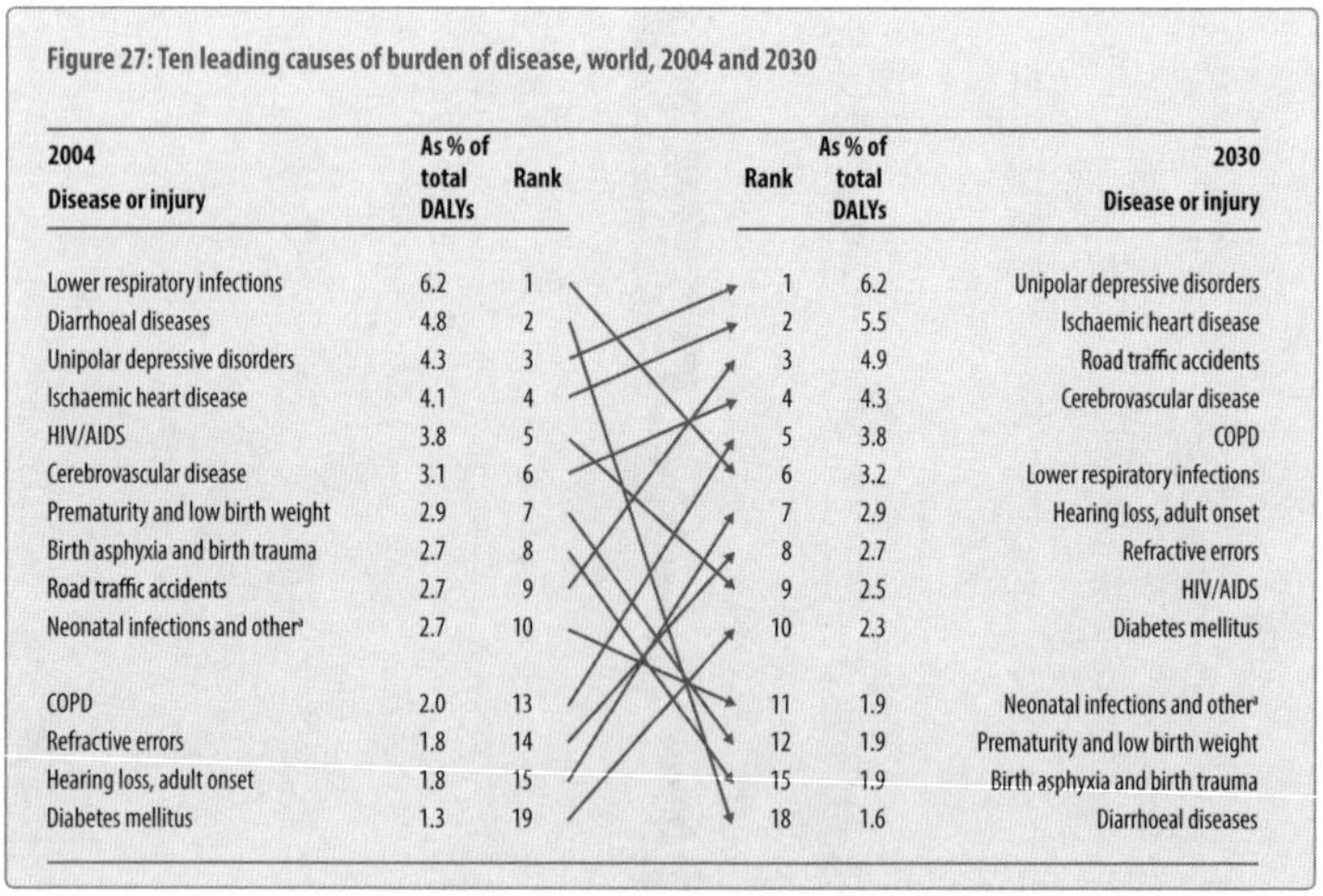

Figure 27: Ten leading causes of burden of disease, world, 2004 and 2030

2004 Disease or injury	As % of total DALYs	Rank
Lower respiratory infections	6.2	1
Diarrhoeal diseases	4.8	2
Unipolar depressive disorders	4.3	3
Ischaemic heart disease	4.1	4
HIV/AIDS	3.8	5
Cerebrovascular disease	3.1	6
Prematurity and low birth weight	2.9	7
Birth asphyxia and birth trauma	2.7	8
Road traffic accidents	2.7	9
Neonatal infections and other[a]	2.7	10
COPD	2.0	13
Refractive errors	1.8	14
Hearing loss, adult onset	1.8	15
Diabetes mellitus	1.3	19

Rank	As % of total DALYs	2030 Disease or injury
1	6.2	Unipolar depressive disorders
2	5.5	Ischaemic heart disease
3	4.9	Road traffic accidents
4	4.3	Cerebrovascular disease
5	3.8	COPD
6	3.2	Lower respiratory infections
7	2.9	Hearing loss, adult onset
8	2.7	Refractive errors
9	2.5	HIV/AIDS
10	2.3	Diabetes mellitus
11	1.9	Neonatal infections and other[a]
12	1.9	Prematurity and low birth weight
15	1.9	Birth asphyxia and birth trauma
18	1.6	Diarrhoeal diseases

図表7　WHOの予測資料

出　所：『THE GLOBAL BURDEN OF DISEASE 2004 UPDATE』（https://apps.who.int/iris/bitstream/handle/10665/43942/9789241563710_eng.pdf#page=61）

ChatGPTに代表される生成AIの登場で、ホワイトカラーやクリエーターと呼ばれる人の領域にテクノロジーを駆使してアマチュアがどんどん参入してくる時代になります。

ビジネスの世界でも、競合他社とのシェア獲得争いで勝ち続けていたはずの企業が、ある日突然、全く思いも寄らなかった方角から新しいテクノロジーやビジネスモデルを引っさげて登場した企業によって、あれよあれよという間にシェアを奪われてしまう、いわゆるゲームチェンジが起きる可能性も高くなっています。

また、パンデミックや国際紛争、気候変動など、社会を不安定にする要因が増え、いつ何が起きるか分からない状況の中で暮らしたり働いたり、あるいは投資をしたりしていかなければなりません。

以前、『ユダヤ人大富豪の教え』（大和書房）の著者として有名な作家の本田建さんの講演会に出席したことがあります。正確な言葉は忘れてしまったのですが、その講演会で本田さんが次のようなことを言っていました。

「世の中、社会、未来の予測で2つだけ確かなことがあると思います。一つは世界中で所得の格差が広がっていくことです。そしてもう一つは、世界情勢が不安定になっていくことです」

そして実際、世の中はまさにこの予言通りになってきました。本書の「未来予測力」のところで書いた通り、世界情勢が不安定なので当然未来は予測しにくくなります。

つまり、これまでうまくいった方法が、必ずしもこれからもうまくいくとは限らなくなってきているのです。

すなわちこれは、人類が失敗する回数が増えてきたことを意味します。

大事なのでもう一度詳しく言い直します。

前例がない未知の社会で何かに挑戦するということは、当然ですがまねをするべき成功事例が少ないので、失敗する回数が増えてきます。

正解がある受験勉強で過去問を解きまくるようにはいかないのです。

社会においても、これまでは経験値に基づいてなんとなくこうすればうまくいっていた、という手がかりがありましたが、これからの時代はこれまでの成功体験が通用しません。

しかし、課題は解決しなければなりませんし、新しい試みにもチャレンジしていかなければビジネスは前に進みません。

これからはこれまでの正解が正解ではなくなってきますので、何をしても失敗するようになりますし、失敗の回数も増えていきます。

そうなると、「もう駄目じゃん」「自分、失敗ばっかりじゃん」とメンタルが病んでしまう人が増えるでしょう。

または、先進国の人たちが仕事を失ったり、報酬が激減したり、労働環境が悪化したり、あるいはテクノロジーの進歩に適応できなくなったりするなどして、「私の存在価値はなんだ?」とアイデンティティーが揺らいでしまう。

このような未来が見えているからこそ、ＷＨＯは「うつ病が２０３０年の死亡原因のトップになる」と予測しているのではないでしょうか。

必要な理由②：ネガティブ思考に引きずられない

レジリエンスが高いと「失敗から立ち直るのが早い」だけでなく、別のメリットもあります。それは、レジリエンスを高めると、レジリエンスの高い人が周りに集まってきて、相乗効果を発揮し始めることです。

何を隠そう（いや、ユーチューブでは既に十分バレていると思いますが）、僕はかなりレジリエンスが高い人間です。少なくとも自分ではそのように思っています。

そのため、僕の周りには、同じようにレジリエンスが高い人が集まりやすくなっています。「類は友を呼ぶ」という状況ですね。

レジリエンスが高い人ばかりが集まると、どんな失敗談や間抜けな話、あるいは情けない体験を話題にしても、全部笑い話になってしまいます。そこで話は終わらず、「それなら次はこうすればいいよな」といったポジティブな結論（新しいビジネスアイデア）にたどり着くことが多く、大いに盛り上がるのです。

ですから、皆で集まることが楽しくなってくるのですね。会えば必ず盛り上がって、次の活力をもらえるんです。

そしてレジリエンスが低い人が近寄ってきても、こちらのタフネスに圧倒されるのか、すぐに連絡してこなくなります。つまり、ネガティブ思考の人に引きずられるようなことが起きなくなるのです。

その結果、毎日が、そして人生が楽しくなってきます。

身につける方法

いつもと違うことをしてみる

レジリエンスを高める方法は、恐らく一つしかありません。それは失敗を繰り返すことです。だって、「失敗から立ち直る力」「失敗を失敗とも思わない力」のことを指すんですから鍛えるには、失敗を繰り返すしかありません。

方法①：コンフォートゾーンから出る

そこで、コンフォートゾーンから少しずつ出ることを意識する、出る習慣を持つということがカギになります。

コンフォートゾーン（Comfort Zone：直訳すると「快適な空間」）とは、心理学で「ストレスや不安がない快適な精神状態でいられる環境」を意味します。つまり、既に持っている知識やスキルでおおかた対処できてしまう苦労のない心地よい状態です。

図表8　コンフォートゾーン、ラーニングゾーン、パニックゾーン

僕たちは、本能的にコンフォートゾーンから出ようとしません。なにしろ心地よいのですから。失敗もしませんし、苦労もしません。

しかし、コンフォートゾーンに籠もっている限りは、当然、レジリエンスは高まりません（図表8）。

コンフォートゾーンの外側にはラーニングゾーン（Learning Zone）があります。ここは未知の世界です。自分が既に持っているスキルや知識では対応できない世界です。コンフォートゾーンのすぐ隣にありますから、何かの拍子に踏み込んでしまいやすい領域です。

ラーニングゾーンのさらに外側にはパニックゾーン（Panic Zone）があります。この領域では既に持っているスキルや知識で対応できないだけでなく、何がなんだか分からなくなってしまう領域です。泳いだことがない人が、足を滑らせて足の届かない深さのプールに落ちてしまった状態では、パニックになってしまいます。ですから、通常、人々はこの領域には近づきません。

しかし、既にお話しした通り、これからの時代は想定していなかったことが普通に起きる時代に突入します。つまり、強制的にラーニングゾーンやパニックゾーンに飛び出さざるを得ない時代がやってきます。

このときのためにレジリエンスを高めるには、日ごろからラーニングゾーンに少しだけ身を置いてみる訓練が必要なんです。

というと、怖がられてしまうかもしれませんが、安心してください。誰にでもできるほんのささやかな冒険をしてみましょうということです。

僕が企業での社員研修で社員の方々に実践してもらっていて、「とても効果があった！」と好評をいただいている方法が4つあります。

- 新しい場所に行く
- 新しい人に出会う
- 新しい本を読む
- 新しいものを食べる

方法②：新しいものを食べる

この中で特にお薦めは「新しいものを食べる」です。これならハードルが低くないですか？ すぐに実践できますよね。食事の際に、まだ入ったことがないお店で食事してみたり、まだ注文したことがなかった料理を注文してみたりすることです。

例えば、お昼休みにいつも行っている定食屋さんがあれば、今まで視界には入っていたけれども食べず嫌いで注文したことがなかった料理を注文してみるんです。あるいは、いつも入っているお店の隣にある、まだ入ったことがないお店に入ってみるんです。

どうですか？ それほど難しくないですよね。これで新しいおいしさを発見したら、コンフォートゾーンを飛び出す冒険が楽しくなります。もし、不幸にもおいしくない料理やお店に入ってしまったら、「あ、ここは駄目だな」と学びを得たことになるじゃないですか。

「コンフォートゾーンを出てください」と言っても、多くの人にとっては抵抗があります。なにしろ快適な環境からあえて出なさい、と言っているわけですから。

しかし、実際は簡単なことから始められるのです。「新しい場所に行く」にしても、小さなステップでいいのです。普段の帰宅路を少しだけ遠回りしてみる、普段行かない商店街で買い物をしてみる、通勤電車を一駅手前で降りて歩いてみる、こういったことでいいのです。

方法③：新しい人に出会う

「新しい人に出会う」ことも有効です。いつもは断っている異業種交流会に参加してみるとか、いつも商品企画室だけで飲み会に行っていたのに、営業部の人も誘ってみるとかです。これだけでも簡単にコンフォートゾーンを出られますよ。

予想していなかったような発見や面白さに出合えます。

そしてここが重要ですが、これらのささやかな脱出を習慣化すると、いつの間にかコンフォートゾーンを出ることに抵抗がなくなってくることです。

実際、社員研修で、4つの方法を実践してもらっていると、皆さん、「コンフォートゾーンを出ることが苦ではなくなりました。むしろ面白くなってきました」と言ってくれるようになります。

研修を企画した担当者も、「社内の空気が随分と変わりました。発想が自由になり、チャレンジ精神が醸成されたように感じられます」と言ってくれます。

身につける際の注意点

注意点ではなく補足になります。ここまで読んでいただいても、「既においしいと知っているランチのお店に入る」とか「いつもの同僚と、いつもの居酒屋で、いつも同じお酒を飲みながら上司の愚痴を言ってすっきりする」といった過ごし方をしたくなるものです。

気持ちは僕にもよ～く分かります。だって快適空間の中ですもんね！

しかし、ここで、せめて「あ! 俺、最近何も新しいことをしていないな」「いつもコンフォートゾーンの中で生活しているな」と意識だけでいいのでしてみてください。

意識さえすると、次の日はちょっとだけ新しいものを食べたり普段しないことをしてみたりする勇気が湧いてくるかもしれません。

新しい飲食店に挑戦するのが面倒であれば、例えばスーパーマーケットで果物を買うとき、いつも絶対に買わない果物を1個だけ買ってみる。この程度でも全然いいんです。

そして、そうやって小さな一歩を踏み出してコンフォートゾーンを出た自分自身を褒めまくってあげてほしいと思います。

自分の機嫌は自分で取りましょう!

スキル11

フルモデルチェンジ力

スキルの定義

過去の成功体験をすべて捨てるスキル

変化の激しい時代に、過去の成功体験や常識にとらわれていると、判断を誤ります。

そこで、自分の知識や考え方を大きく変える必要があります。イメージとしてはアプリの付け足しではなく、ＯＳからアップデートする必要がある状況です。

このように自らの知識や考え方を大きく変える力が「フルモデルチェンジ力」です。

英国の理論物理学者スティーヴン・ホーキング博士は、「知性とは、変化に適応できる能力だ」と言いました。ホーキング博士の言葉を借りると、過去の成功体験を捨て自ら脳をフルモデルチェンジできる人＝知性がある人、ということになりますね。

未来に必要な理由

善意のアドバイスに潜む罠

必要な理由①：過去の成功体験が弊害になる未来

現代は、上司や先輩からのアドバイスには注意しなければならない時代です。過去の成功体験が役に立たなくなってきているためです。それどころか弊害になるかもしれません。

この弊害を避ける施策を実践している企業の例として、米国のテスラと日本のＳＯＺＯＷがあります。ＳＯＺＯＷはオンラインで学べる学校です。例えば不登校の子供が、絵の描き方やプログラミングなど、自分の好きなことをオンラインで学べます。

テスラとＳＯＺＯＷの共通点は、業界出身者以外の人材を積極的に採用していることです。テスラは電気自動車の会社ですが、自動車業界以外から人材を採用しています。SOZOWは教師などの教育関係経験者以外の人材を採用しています。

これは、「自動車とはこうあるべきだ」とか「教育とはこうあるべきだ」という既成概念や過去の成功体験に縛られていない人材を集めるためです。

これからイノベーションを起こすためには、業界の常識を覆すくらいの新しい発想が必要になります。そのためには業界の既成概念や慣例、過去の成功体験によって発想が縛られているような人材は必要ありません。

企業においても、このようなフルモデルチェンジ力が問われているのです。

ですから職場の上司や先輩たちから「仕事っていうのはこういうもんだ」「人生っていうのはこういうもんだ」とアドバイスされても、既にこのような上司たちの経験は時代にそぐわなくなっている可能性もあるので、直感で「古いな！」と感じたら、表向きはありがたく聞いているふりをしても、真に受けない方がいいでしょう。

「〜するべきだ」「普通は〜」「一般には〜」などが口癖の上司は要注意です。そのようなアドバイス通りにスキルを積み重ねていたら、5年後にテクノロジーに代替される人材になっている可能性がありますから注意が必要です。

実は、そうした上司たちこそ、急いでフルモデルチェンジしなければならない状況にあるともいえます。

必要な理由②：人生の選択肢を増やすために必要

フルモデルチェンジ力は、言い換えれば「選択肢の多さを認識する力」です。「仕事とはこういうもんだ」とアドバイスしてくる上司や先輩たちは、それ以外の選択肢を持っていません。このような既成概念にとらわれた上司は、成長の過程で、気づかないうちに自ら選択肢を減らしているんです。

実際、子供にはたくさんの選択肢があります。まだ「常識」という縛りがないからですね。先日も僕の9歳の娘がクジラの絵を描いたんですが、クジラのからだが虹色に光り、しかも背中には羽まで生えています。大人にはなかなか描けない絵ですよね。

別に絵なんですから自由に描けばいいものを、大人の僕たちはクジラの色はこうあるべきだ、形はこうあるべきだ、と常識という名の鎖が発想を縛ってしまいます。

ビジネスの現場ではなおさら発想が縛られてきます。例えば新規開拓の営業担当者がオフィス内でパソコンに向かって長時間仕事をしていると、上司や先輩から「何をやっているんだ。営業は足で稼いでなんぼだろうが。オフィスに居ないでさっさと出かけろ！」と言われてしまうかもしれません。

しかし、世の中は相当に変化しています。顧客側も欲しい商品やサービスがあれば、営業担当者の説明を待つまでもなく、能動的にインターネットで調べることができます。スペックや価格も、全国の業者を対象に比較することができます。

そんな時代に、営業担当者がカタログや見積もりを持って訪問しても、顧客の立場からすれば、貴重な時間を奪われたと不快に感じるかもしれません。あるいは、顧客が「そんなもん、今は要らないし」という状態なのに訪問しても、全くの無駄足を繰り返していることになります。

現代はマーケティングオートメーション（ＭＡ）ツールがあります。このツールに顧客リストと顧客ごとの属性データを登録すると、顧客がホームページのどこを閲覧したか、どの資料をダウンロードしたのかなどの履歴が分析され、営業すべきタイミングと提案すべき内容を教えてくれるんです。

そしてそのタイミングで営業をかけると成約率が高まるんです。もはや、「数打ちゃ当たる」や「当たって砕けろ」的な営業活動は非効率と言わざるを得ません。

確かに最後は人間が出ていかなければなりませんが、それまではテクノロジーの力を借りれば効率的です。営業の生産性が格段に高まりますよね。

しかし、顧客側の環境が変わったことやＭＡの存在を知らなければ、相変わらず「営業は足で稼いでなんぼ！」というアナログな上司の指示を信じ続けてしまうわけです。

フルモデルチェンジ力が必要ですね。

必要な理由③：間違ったアドバイスに振り回されない

２０２３年３月31日にイタリアが国内でのＣｈａｔＧＰＴの使用を禁止すると発表しました[※1]。日本でも鳥取県が同年４月20日に県の業務におけるＣｈａｔＧＰＴの使用を禁止しました[※2]。しかし、ＣｈａｔＧＰＴを禁止した理由が両者では全く異なっていました。

※１ ＮＨＫ『「ＣｈａｔＧＰＴ」イタリアで一時使用禁止に データ収集で違反の疑い』(https://www3.nhk.or.jp/news/html/20230401/k10014026391000.html)

※２ 朝日新聞デジタル『鳥取県、業務ではＣｈａｔＧＰＴ禁止 知事「ちゃんとジーミーチー」』(https://www.asahi.com/articles/ASR4N4TS2R4NPUUB004.html)

イタリアは、ＣｈａｔＧＰＴを使用したユーザーの個人情報が流出することを理由に禁止したのです。そのため、ＣｈａｔＧＰＴの開発元であるＯｐｅｎＡＩが対策を講じると、4月の28日には使用禁止を解除しています※。

※ＮＨＫ『イタリア ＣｈａｔＧＰＴの一時的な使用禁止措置を解除』（https://www3.nhk.or.jp/news/html/20230429/k10014053511000.html）

一方、鳥取県の場合は、平井伸治知事が、「ＣｈａｔＧＰＴよりは『ちゃんとジーミー（地道）』」とダジャレを発言しているように、ＡＩを利用するよりも人が地道に作業する方が民主的だとの持論を述べているのです。それで実際に職員用のパソコンにはＣｈａｔＧＰＴが使用できないように制限がかけられました。

平井知事は、「どっちが大切かといえば泥臭いが地べたをはってでも集めた情報に価値がある。地域のことは、その実情をみんなで議論して答えを出していくのが議会であり地方自治だ。ここに機械が入り込む余地はない」とも説明しています。

例えば、住民を増やすための企画を立てる際に、検討会議用の企画書のたたき台をＣｈａｔＧＰＴに出させれば、一人の職員が数十分から数時間で作成できるかもしれません。

しかし平井知事は、たくさんの職員が貴重な業務時間を割いて会議室に集まり、何日もかけて会議を行いながら立案することに価値があると言いたいようです。

この考えが僕は古いと思っています。

議題に挙げる企画書のアイデアの種はどんどんＣｈａｔＧＰＴからもらえばいいというのが僕の考えです。生成ＡＩを駆使して出てきたたくさんのアイデアをたたき台として、そこから先は人間が集まってしっかり議論すればいいと思います。

テクノロジーにサクっと作ってもらったたたき台を、ブラッシュアップして県民にとって良いアイデアに練り上げ、実行する。これこそが人間にしかできない仕事です。

同じ地方自治でも神奈川県横須賀市ではＣｈａｔＧＰＴの試験導入を始めていますし、国でも農林水産省が業務への活用を検討し始めています。

平井知事のような人にフルモデルチェンジを期待しても難しいでしょう。彼には彼なりの、これまでの素晴らしい実績や成功体験があるからです。

僕が本項で提案したいのは、フルモデルチェンジできない人にフルモデルチェンジすることを勧めているのではなく、フルモデルチェンジできない人のアドバイスを真に受けないでほしいということです。

フルモデルチェンジ力は選択肢の多さを認識する力だと述べましたが、テクノロジーの進化はますます選択肢を増やしていきます。

オードリー・タンさんが考える良い未来とは、「一人ひとりに多様性が認められて、人生の選択肢が増える」未来だとマネジメント力の項目で既に紹介しましたね。

ですから、選択肢の少ない人のアドバイスは、アドバイスを受けた人が選択肢の多さに気づけなくしてしまう可能性があるんです。間違ったアドバイスかもしれないんですよね。このことに注意しなければいけません。

特に若い人ほど社会経験や人生経験が少ないので、社会に出たときに上司や先輩の言うことが正しいと思いがちです。

身につける方法 自分の常識が通じないところに行ってみる

身につける方法①：異業種交流会に参加する

フルモデルチェンジ力を身につけることは、選択肢の多さを認識し、過去の成功体験や偏見を捨てることですから、ビジネスであれば、他の会社の人や異なった業界の人との交流を持つことが有効です。例えば異業種交流会などに参加することです。

自分の会社の上司や先輩、同僚たち、もしくは同業者の勉強会で集まるメンバーとばかり話をしていると、この業界はこういうものだとか、仕事とはこういうものだと思うようになり、狭い世界がすべてのように思えてきてしまいます。

しかし別の会社の人や異なる業界の人たちと話をするようになると、「そんなやり方があったのか！」や「その手法はうちの業界にも応用できるかも！」、そして「世の中の流れはそっちに向かっていたのか！」などと狭い世界から脱して選択肢の多い世界が見えてきます。

その結果、自分の脳をモデルチェンジする機会が増えて、革新的なアイデアを思いつくチャンスも増えてきます。

身につける方法②：海外に行く

プライベートでは、普段行かないところに行ってみることです。特に、海外に行くことがお薦めです。外国を訪れて「そんなのありなの？」とカルチャーショックを受けることは、選択肢を増やすいい刺激になります。

例えば僕がマレーシアを訪れたとき、スターバックスの店員さんにニカブを着ている人がいたんですね。ニカブとはイスラム教徒の女性が身につけるベール（ヒジャブ）の一種です。目以外は全部覆い隠す衣装ですね。

最初は怖い印象を持ったのですが、「ああ、ここにはいろいろな文化の人がいるんだった」と、改めて多様性を受け入れる社会とは何かについて考えるきっかけになりました。

そしてそのスターバックスの店員さんたちが、休憩時間になると日本のようにバックヤードに下がるのではなく、客席でコーヒーを飲みながら誰よりも大きな声でスマホで電話しているんです。日本なら、ともすれば本部にクレームを出される状況ですが、僕が見る限り他のお客様も誰も気にしていません。つまり日常風景だということですね。

また、米国を訪れたとき、スーパーマーケットでジュースを買おうと陳列棚の前で品定めをしていたら、隣にやってきた男性客が棚から売り物のジュースを取り出し、その場で蓋を開けて飲み出したんです。

――ええっ？ この人まだそのジュースを買ってないじゃん！

これは犯罪だろう、と思ってその男性客の後をつけていくと、レジで飲み干した空き缶を差し出したんですよ。レジの人も当たり前のように空き缶のバーコードを読み取って料金を告げ、男性客は当たり前のように精算して出ていったんです。

――それでいいの！

僕には衝撃的な光景だったのですが、米国では時々見る光景だと後で知りました。ポテトチップスなんかもレジで精算する前に袋を開けて食べ出してしまうんですね。それでもぐもぐしながらレジで精算するんです。アイスなんかもアイスケースから取り出してそのまま食べている人がいるんですよ。

でも、レジで精算するので確かに万引きではないんです。（笑）

払ってから食べるか、食べてから払うか、食べながら払うかの違いだけなんですね。

シンガポールを訪れたときも、夜の10時を過ぎているような時刻に子供たちが打ち上げ花火で遊んでいました。何かのお祭りの日なのかと思ったら、毎日のことだというのです。「おいおい、夜は静かにしないと駄目だろう」というのは日本の常識なんだと気づかされるわけです。

これらの例で僕が言いたいのは、マナー違反なのかどうか、ということではありません。そういう行為や考え方が日本以外には普通にあることを知るだけで、自分の常識やマナーの概念が一度ぶっ壊れます。少し大げさに聞こえるかもしれませんが、この固定観念のビルドアンドスクラップこそが脳をフルモデルチェンジするきっかけになります。パブロ・ピカソは、「いかなる創造活動も、はじめは破壊活動だ」と名言を残しましたよね。

日本に帰ると、「駄目だと思い込んでいたけど、もしかしてこれくらいやってもいいいんじゃないだろうか？ いっちょトライしてみよう！」と、選択肢が増えているんですね。

やってもいいかどうかは別として、考えが柔らかくなっています。脳をフルモデルチェンジさせるには、これまでの成功体験や常識を捨てる力も必要になるんです。この「捨てる力」については別項で詳しくお話しします。

身につける方法③：いろいろなことに手を出してみる

そしてもう一つ、選択肢の多さを認識する方法があります。それは、いろいろなことに手を出してみることです。寄り道をすることですね。

例えばある分野でトップになろう、成功しよう、と思ったら、その分野を極めるためにその分野の学習やトレーニングにひたすら集中するのではなくて、むしろあれこれと浮気をしたり寄り道したりした方が、より知見の広い専門家になれるということです。

この点については、既に紹介した『RANGE（レンジ）知識の「幅」が最強の武器になる』（日経BP）に、ある研究結果を踏まえて次のように書かれています。

「早めに専門を絞り込んだ人は、ゆっくり専門を決めた人より大学卒業後しばらくは収入が高いが、ゆっくり専門を決めた人は、より自分のスキルや性質に合った仕事を見つけられるので、じきに遅れを取り戻すことを示していた。また、多くの研究が示唆しているのは、テクノロジーの開発において、様々な分野で経験を積んだ人の方が、一つの分野を深めた人よりも、クリエイティブで影響力の大きい発明ができることだった」

また、グーグルには20％ルールというものが存在するそうです。これは社員の勤務時間の20％は決められた仕事以外の何をしても構わないというルールです。

いくらグーグルの優秀な社員であっても勤務時間の１００％が決められた仕事であっては、過去の成功にとらわれてしまう可能性があります。そのため、あえて20％の時間は今の仕事を忘れていいよ！とルールを決めて、脳をフルモデルチェンジし続けているのではないかと思います。

身につける際の注意点

さらに『RANGE（レンジ）知識の「幅」が最強の武器になる』（日経BP）では、一つの分野を深めることのリスクに関する研究結果についても紹介しています。

「専門化の傾向が進むに連れて、『平行溝のシステム』ができているという。それは、誰もが自分の溝を深く掘り続けることに専念しており、もしかしたら、隣の溝に自分が抱えている問題の答えがあるかもしれないのに、立ち上がって隣を見ようとはしない、ということだ」

ここに記されている「溝」は、僕が「過去の成功体験」と言っていることと同じだと思います。そこばかりを掘っていると、隣の溝が見えなくなる。まさにその通りだと思います。

スキル12

自己責任力

スキルの定義

まずは自分に責任があると考えてみるスキル

仕事でも私生活でも、僕たちには様々なトラブルが降りかかります。トラブルが生じたときに、反射的に誰かのせいにしたり世の中のせいにしたり、あるいは天候などの自然のせいにしたりするのではなく、まずは自分に責任があるのではないか、と考える力が「自己責任力」です。

トラブルの責任を常に自分以外に探す癖を持ってしまうと、トラブルは再発しますし、自分も成長できません。

未来に必要な理由　他責にしている限り、何も改善されない

必要な理由①：格差がますます広がりその原因を自分以外のせいにしたくなる

２０３０年に向けて、日本を含めた先進国では貧富の差が激しくなってきます。貧富の差はジニ係数で表されます。ジニ係数は０〜１で表され、格差が全くない状態が０、格差が最も大きい状態（たった一人がすべての所得を独占している状態）を１で表します。

このジニ係数、先進諸国では右肩上がりで推移しているんです。つまり、格差が広がり続けているんですね（**図表9**）。

この格差は今後も広がり続けます。ＡＩをはじめとするテクノロジーが社会に溶け込んでくると、そのテクノロジーを使いこなせる側の少数の人たちと、テクノロジーにより仕事の一部を代替され、最悪奪われてしまう多数の人たちの所得格差が広げられてし

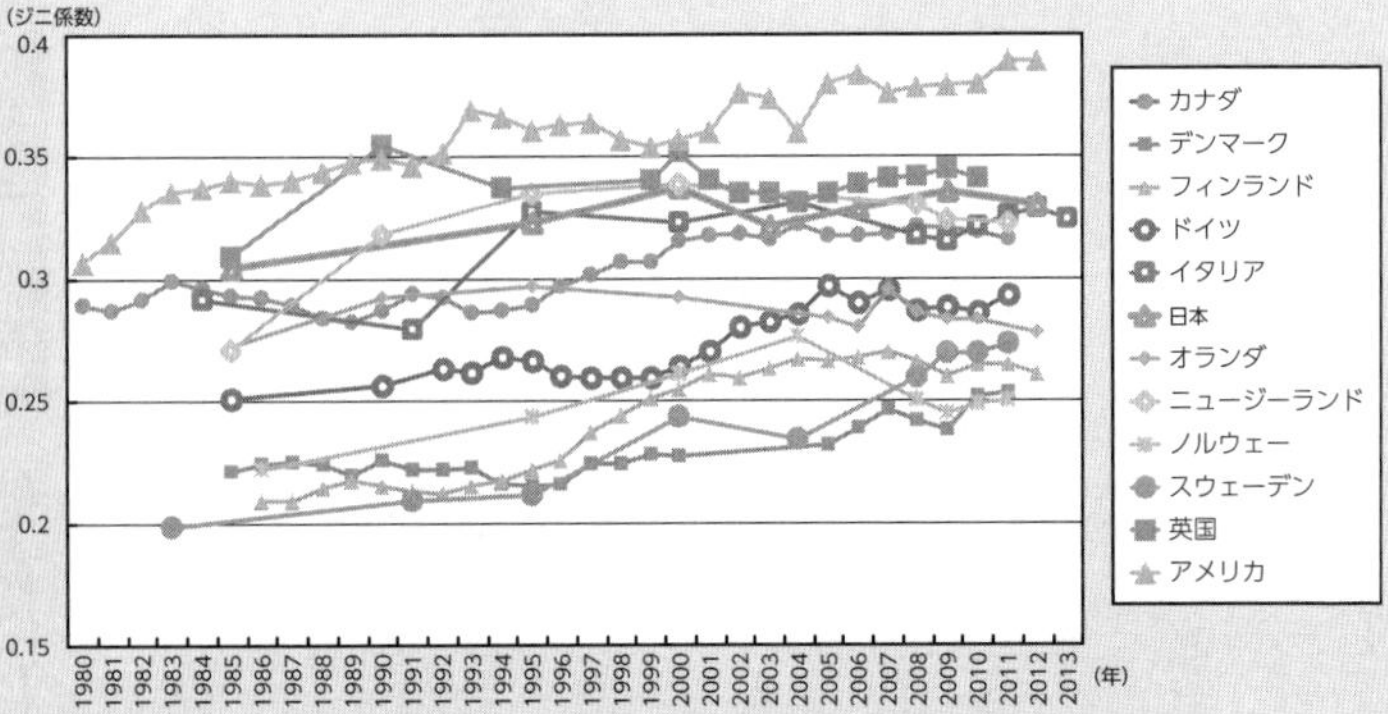

資料：OECD. Stat（2017年3月9日閲覧）より厚生労働省政策統括官付政策評価官室作成

（注） 1.「ジニ係数」とは、所得の均等度を表す指標であり、0から1までの間で、数値が高いほど格差が大きいことを示している。

2. 等価可処分所得のジニ係数の推移を示している。

図表9　OECD主要国のジニ係数の推移

出所：厚生労働省『平成29年版　厚生労働白書（平成28年度厚生労働行政年次報告）―社会保障と経済成長―』p.28（https://www.mhlw.go.jp/wp/hakusyo/kousei/17/dl/all.pdf#page=42）

まうからです。

例えば米国の２０１９年の統計では、上位10%の富裕層が、米国全体の富のなんと72%を保有していることが分かっています※。

※連邦議会予算局（CBO：Congressional Budget Office）『Trends in the Distribution of Family Wealth, 1989 to 2019』（https://www.cbo.gov/publication/57598）

僕は政治の役目は弱者の救済だと考えています。実際にできているかどうかは別として、「経済」の元の意味は中国の古典に出てくる「経世済民（經世濟民）」で、「世を經《おさ》め、民を濟《すく》う」ことを意味していました。

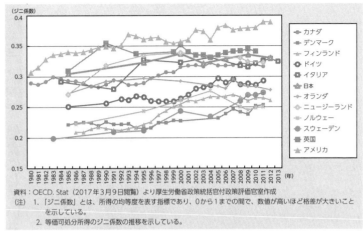

すると、政治が真っ当に機能しているのであれば、世界で貧富の差が広がってくると社会が不安定になってきますので、どこの国でも政治家は自国民の貧富の格差を狭めようとすると思います。

それで、各国が本気で自国の貧富の差を狭めようと対策したとしても、恐らく貧富の差が縮まることはないと思います。ここに関しては、僕は悲観論者なんです。

つまり先ほどの右肩上がりのグラフは、これから先も徐々に右肩上がりで、格差はより広がっていくと思っています。

なぜかというと、ＡＩをはじめとするテクノロジーは、上手に使いこなして生産性の高い人の報酬をより高くし、テクノロジーを使いこなせない人は仕事を失うか、低報酬の仕事に流れていくことが予想されるからです。

当然、政治家は国民の不満を解消するために、この流れを止めようとしますが、地方自治の議会においても国家においても、議論できるほどに政治家たちのリテラシーがテクノロジーの進化の速度に追いつくかどうか怪しいものです。その結果として、法の整備が追いつかないと僕は予想しています。

このような状況が進んだ未来を想像してみましょう。自分の日々の人生に不満を持っている人たちは、その原因がテクノロジーを生み出す側や、テクノロジーを駆使して自分だけもうける人が悪い、もしくは所得の再分配が行き届かない政治が悪い、という他責の念が強くなっていくのではないかと思っています。

必要な理由②：ジョブ型雇用の普及で評価が厳しくなる

日本でもこれまで主流だったメンバーシップ型雇用からジョブ型雇用へのシフトが進んでいます。

ジョブ型雇用が普及すると、学歴や職歴よりも能力が重視されるようになります。その結果、これまでのように言われた仕事を真面目に努力して働いているだけでは評価されにくくなり、どんなスキルがありどんな活躍ができるかが評価軸になっていきます。

人によっては、なかなか評価されないし給料も上げてもらえない、と感じることが多くなるでしょう。その結果、仕事にやりがいを見いだせなくなったり、報酬が見合わないと感じるようになったりしたときに、それは自分の仕事を奪ったテクノロジーが悪いとか、強欲な資本家たちが過剰に搾取しているとか、あるいは政治家が利権でしか動かないなどと考えるようになります。

もっと身近なところに責任を求めて、上司が悪い、同僚が悪い、部下が悪い、取引先が悪い、あるいは夫や妻が悪いなどとも考えるようになります。

つまり、自責より他責に流れるんです。

しかし、厳しい言い方ですが、貧しい側の人はますます貧しくなっていくでしょう。

その理由は他責にしている限り、何も改善されないからです。

しかも、他責は癖になります。問題が生じたときに、真っ先に自分以外に責任を求める思考癖が身についてしまうんです。

その結果、自ら改善する意欲を持たなくなり、行動しなくなります。自分が成長する機会を放棄してしまうんですね。だって「自分は悪くない」んですから。

このときに自分に責任があるのではないだろうか、と思考することができれば、事態を改善する策を考えるようになりますし、その策を実行に移す行動も伴うようになります。

その結果、自分が成長していくんです。

例えば、仕事で努力しているのに評価されないし昇給もしない。しかも仕事は面白くない。そういうとき、それは上司が悪いからだとか、会社が悪いからだと結論を出してしまったら、もうどうしようもなくなってしまいます。

しかし、「この状況の原因は自分にあるんじゃないのか？」と考えれば、見えてくるものが違ってきます。仕事の仕方に工夫が足りないんじゃないだろうか、仕事ぶりのアピールが足りないんじゃないだろうか、などと思います。そういえば、同僚の田中さんはなんであんなに楽しそうに働けるのか、今度飲みに誘って聞いてみよう！と思うかもしれません。

あるいは、自分はこの部署に適していないと薄々自覚していたのに部署異動の申請を面倒くさがってきたのがいけないんじゃないだろうか。あるいはそもそも会社の選び方が間違っていたのだから、転職を検討すべきなのではないだろうか、と状況を改善するための策を考えて行動しようと思うようになります。

すると、原因によらず、自分が成長しなければならないという結論に至るでしょう。

となれば、仕事の効率を高め、本書で紹介している「自己主張する力」を高める工夫が必要ですし、部署異動を実現するためには、その方面の適性をアピールできる実績を出す、または、そのための資格を取ることなどが有効かもしれません。

転職するのならば、いろいろな業界や企業の情報を集めて分析すると同時に、自分の市場価値も高めるための学びも必要になってきます。

身につける方法　自分の問題と自分以外の問題を切り分ける

自己責任力を身につける方法として２つ提案します。

方法①：自分の問題と自分以外の問題を切り分けるトレーニングを行う

１つ目は、プライベートでつらいことがあったり、仕事でトラブルが起こったりしたとき、自分の問題と自分以外の問題を切り分けるトレーニングを行うことです。

たとえ話でよく引き合いに出される馬と水飲み場の話をさせてください。

人は、馬を水飲み場まで綱を引いて連れて行くことはできますが、その水を飲むかどうかは馬の問題なんです。いくら「これから長旅だから、飲んでおいてくれ」と話しかけても、馬が喉の渇きを覚えていなければ、全く飲もうとしません。そのことにイライラしても仕方ないですよね。

自分にできることは、馬を水飲み場に連れてくるまで、飲むかどうかは馬の問題であって自分にはどうすることもできないのです。

このように自分でなんとかできる問題なのか、自分にはどうにもできない問題なのかを切り分けねばなりません。

例えばあなたが営業担当者で、売り込み先の見込み客からは「前向きに検討しますね」と言われていたので、「これはいける！たぶん後日契約してもらえるな！」と思っていたとしましょう。しかし、予期していなかったパンデミックのあおりを受けて、その見込み客である会社が倒産してしまいました。

その結果、契約が取れなくなったとしても仕方ないですよね。ここで自分を責めて落ち込む必要はありません。自分にはどうにもできない原因だからです。ここは切り分けましょう。

このような明らかに自分のコントロールできる範囲の外側に原因があるトラブルについては自分には責任がないのですから、気を病むことなく、本書で取り上げた「レジリエンス」（失敗から立ち直る力）を発揮して、淡々と次の仕事に気持ちを切り替えるべきです。

しかし、次の例はどうでしょう。

倒産ではなく、契約が取れると思っていたのにある日お断りの連絡が来たとします。

契約しない理由を尋ねたら、「ああ、今回はもっと親身になって弊社の課題を洗い出し、細やかな提案をしてくれた他社さんと契約することになったから、すまんね」と言われたとします。

結果としては「契約が取れなかった」事実は変わりませんが、こちらは相手の倒産のときと同様に他責にしてよいのでしょうか？

僕はそうは思いません。こんなときこそ、自己責任力を発揮しないといけないと思います。

提案活動は終わったし、あとは契約するかしないかは先方次第なので、一見すると他責でよいように思いますが、本当にこの営業担当者は自分にできることをすべてやり切ったのでしょうか？

こう考えることこそが自己責任力です。

- 「自分はちゃんと顧客の立場になって課題を洗い出しただろうか」
- 「提案資料は、完璧に作り込まれていただろうか」
- 「確かに、自社の製品を一方的に説明して売り込んでいただけだったかもしれない」
- 「前向きに検討すると言ったあと、もう契約が決まると思い込んでいたから、フォローの連絡を一度もしていなかった」

と反省しなければなりません。

ここで「なんて移り気な客なんだ。提案した時はほとんど契約しそうな雰囲気を出していたじゃないか！」などと他責にしていては、次も同じ失敗をしてしまうでしょう。成長がありません。

しかし、契約できなかったのが自分の責任であると捉えることができれば、次はお客様の立場になって、お客様が抱えている課題を一緒に見つけ出し、その課題を解決するための提案を行う方法を考えようとして成長できます。

もう一つ例を挙げてみましょう。

あなたは小さいながらも翻訳会社を経営しているとします。最近、受注件数がめっきり減りました。それで得意先に理由を聞いて回ったところ、どの得意先からも「ＣｈａｔＧＰＴを使えば自動的に翻訳されて、あとは少しだけ手直しして使えるので翻訳会社に発注する必要がなくなった」と言われました。

「こっちは翻訳業で食べていけるようになるまでに、いったいどれだけ外国語の勉強をして翻訳技術を磨いてきたと思っているんだ。ＡＩめ！テクノロジーが憎い！」と他責にしても現実世界は何も変わりません。ＡＩにより機械翻訳の技術が飛躍的に向上することは、随分前から話題になっていたはずです。

つまり、単なる翻訳会社は間もなく斜陽産業になることが分かっていたはずです。

ですから、翻訳の専門分野を特化したり、同じＡＩを使うにしても、専門家ならではの使いこなしにより、より精度の高い翻訳を低コストかつ短納期で対応できるようにしたりして、自らＡＩを使いこなすスキルを高めておくなどの手を打っておけたはずです。

もし僕が翻訳会社を経営し、インバウンド向けの飲食店のメニューを英語に訳す仕事をしていたとしたら、頼まれたメニューを翻訳するだけにとどまらず、外国人が注文したくなるメニュー表の提案、注文したくなる写真の見せ方、外国人が好きそうな料理名の付け方、外国人が思わず立ち止まるお店の看板の提案などを行う会社にシフトチェンジします。

こうすれば、ただ言われた翻訳だけをする会社から、インバウンドの売り上げアップを手伝ってくれる付加価値がある翻訳会社になれるので、テクノロジーと競って単価が下がるどころかますます単価は上がります。本書で取り上げた「課題発見力」を発揮し、顧客の課題を発見し解決してあげるわけです。

飲食店は英語メニューを用意したいのではなく、本質的にはインバウンドでもうかりたいのです。その本質を見誤ってはいけません。

つまり、取り引きが激減したのはテクノロジーのせいではなく、先手を打って対策を立てておかなかった自分のせいだと捉えるのです。

方法②：常に最悪の事態を想定しておく

２つ目の身につけ方は、常に最悪の事態を想定しておくことです。最悪の事態を想定すると、セットとして自然に対策を考えるようになります。最悪の事態を想定することが、脳の働きを高めるんですね。

先ほどの営業担当者の例であれば、「お客様は前向きに検討すると言ってくれているけれども、必ず発注すると約束してくれたわけではない。もしかすると失注するかもしれない」と最悪の事態を想定すれば、予定していたよりも早めに次のアポを取ってフォローしよう、と考え、行動が変わります。

あるいは、そのお客様が発注してくれなかったときでも売り上げのノルマを達成できるように、バックアップとして、他の見込み客との商談を前倒しして進めておこう、など手を打つことも考えられます。

このように、最悪の事態を想定すると、必ず同時に、自己責任脳が磁石のように引き寄せられる仕組みになっているんです。

身につける際の注意点

自己責任力を身につけるに当たっては少しだけ注意が必要です。それは、トレーニングで張り切り過ぎてなんでもかんでも自責にしてしまわないことです。

本書の「レジリエンス」の節でもお話ししていますが、これからの世の中は予測が困難なため、人が失敗する機会が増えていきます。うまくいかないことが多くなるわけです。

そのため、失敗のたびになんでもかんでも自分の責任にしていると、精神が病んでしまう可能性が高まります。特に意識高い系の人は注意してください。

人はときに、「逃げ出す力」も必要になるんです。この力については後ほど解説しますが、常に自分の成長につながるかどうかを見極めてバランスを取ることに注意してください。

スキル13

クリティカルシンキング

スキルの定義　**情報をうのみにせず、疑い、自分で調べるスキル**

「一次情報収集力」のところでも話しましたが、僕たちは、ネットやテレビ、新聞、雑誌、場合によっては書籍から得た二次情報、三次情報を、うのみにしてしまっていることがとても多いんです。

特にネットニュースやＳＮＳ、テレビのニュースやコメンテーターから得られた情報の影響を受けやすいんですね。

しかし、世の中は怪しい情報であふれかえっています。これらの情報に接したときに、

「正しい情報なのか？」「信頼できる根拠はあるのか？」「何かの意図があって発信されているのではないか？」などと疑う力が必要です。

それが「クリティカルシンキング」です。

未来に必要な理由　人もＡＩも嘘をつく

必要な理由①：生成ＡＩはしれっと嘘をつく

現代は情報を受け取るツールが多彩になり、情報が氾濫しています。特にこれからはＡＩによって生成された真偽の程が怪しい情報が大量に出回るようになることが予想されます。

比較的信頼性が高いと思われる新聞や雑誌、書籍でさえも、絶対に正しいとは限りません。また、テレビ番組内の情報はスポンサーに忖度している可能性が高いですし、マスコミ報道にしても意図的なミスリードが行われている可能性があります。

つまり、あらゆる情報は疑うべきなんですね。

そこで、その情報が正しいのか、信頼できるのかを疑う力としてのクリティカルシンキングが必要になるんです。

クリティカルシンキング（critical thinking）は批判的思考と訳されます。物事を無批判に受け入れずに、多面的に検証して客観的かつ論理的に理解するスキルを指します。

難しい言い方をしましたが、簡単に言えば「それって本当かなぁ？」と疑う力のことです。

例えば生成ＡＩは調べ事をするのに便利なテクノロジーですが、その結果は疑わなければなりません。実際、生成ＡＩの信ぴょう性が問題になった事件が米国で起きました。なんと、弁護士がＣｈａｔＧＰＴで生成した架空の判例を使用してしまったんです※。

※Ars Technica『Lawyer cited 6 fake cases made up by ChatGPT; judge calls it "unprecedented"』(https://arstechnica.com/tech-policy/2023/05/lawyer-cited-6-fake-cases-made-up-by-chatgpt-judge-calls-it-unprecedented/)

その弁護士とは米国ニューヨーク州のスティーブン・シュワルツ（Steven Schwartz）さんで、民事訴訟でＣｈａｔＧＰＴに生成させた判例を引用しました。

この裁判はニューヨーク行きの飛行機内で食事配膳用のカートがぶつかってけがをしたという男性客が航空会社を訴えた訴訟です。

そこで弁護士のシュワルツさんが提出した6件の判例をニューヨーク州連邦裁判所の裁判官が確認したところ、そんな判例は現実には存在しないことが分かったんですね。それで、どこから引っ張り出してきた判例なのかを問いただしたところ、ＣｈａｔＧＰＴを使って調べたことが明らかになったんです。

この事実は大問題になり、シュワルツさんには罰金が科せられました。本書の「マネジメント力」でテクノロジーはたとえ間違っても責任を取らない、責任を取らされるのは使った人間や開発した人間と言いましたが、まさにこのことですね。

シュワルツさんは、ＣｈａｔＧＰＴが答えてくれた判例の抜粋をＣｈａｔＧＰＴに投げかけて実際のケースかどうかを確認しています。するとＣｈａｔＧＰＴは、それらの判例は実際のケースであり、法的研究データベースで見つけることができると答えたそうです。これまで情報源としてＣｈａｔＧＰＴを使ったことがなかったので、提供された情報の虚偽の可能性まで思い至らなかったと語っているそうです。

これが生成ＡＩの怖いところです。しれっと嘘をつくんですね。僕たちは、クリティカルシンキングを身につけて「この情報は本当か？」と疑って、自分自身で一次情報を確認する必要があります。

必要な理由②：怪しい情報の流通量が増加する

そうはいっても、生成ＡＩが生成する記事は非常によくできていますので、「気をつけようにも人が書いた記事との見分けがつかないではないか」という意見があります。

しかし、その意見自体がナンセンスです。

その記事をＡＩが書いたのか人が書いたのかはどうでもいいことで、どちらが書いた記事にせよ、その情報の信ぴょう性を疑って裏を取ることは必要なんです。

だって、人だって間違えることはあるし、意図的に嘘を書きますからね。むしろ昨今のウェブライターブームを見るに、いわゆる「こたつライター」と呼ばれる人たちが、ネット上で拾い集めた信頼できない情報源を裏取りすることもなくパッチワークして新しい記事に仕上げている可能性が高いと考えれば、人が書いた記事の方が怪しい可能性もあります。

ちなみにこたつライターとは一次情報を得るための取材をせずに、ウェブサイトやブログ、ＳＮＳなどから得た情報を基に記事を書くライターをやゆした呼び方です。この人たちが書いた記事は「こたつ記事」と呼ばれているんですね。

怪しい記事を書いているのはこたつライターだけではありません。プロのライターや記者、ジャーナリストにしても、その取材相手が偏った考えを持っていたり、一次情報の読み方を間違っていたりすれば、やっぱり怪しい記事が仕上がってしまうんです。

ですから、ことは「テクノロジー対人間」といった議論ではなく、これまでも怪しい情報が出回っていたことに加えて、これからはテクノロジーが怪しい情報を生成し始める、つまり「怪しい情報の流通量が爆発的に増大する」ことが問題なんです。

だからこそ、僕たちはこれまで以上にクリティカルシンキングを磨く必要があります。

必要な理由③：大人の言うことを信じるように教育された

僕たちは、世の中に流通している情報を無批判に受け取ってしまう傾向が強いかもしれません。それは、子供の頃からの教育、もしくは、しつけによるんじゃないかと思っているんです。

多くの子供たちは、大人たちから「親の言うことは聞きなさい」「先生の言うことは聞きなさい」、あるいは「年上の兄（姉）や先輩の言うことには従うもんだ」などとしつけられます。

ところがユダヤ人の子供たちは家庭で親が「私たち親や先生の言うことをそのまま信じるんじゃないぞ」と教わるそうです。これってすごくないですか？

僕たち日本人の常識では思いもよらない発想ですよね。実の親から「親の言うことをすべてうのみにするな！」と育てられるわけですから。だからユダヤ人には、優秀な人が多いのではないかと思います。

身につける方法　反対意見にも目を向ける

クリティカルシンキングはすぐにでも身につけて実行すべきスキルです。誤った情報はすぐにでも見破った方がいいですからね。

そこで、クリティカルシンキングの身につけ方を初級・中級・上級・超上級として4つ紹介します。

方法①：初級　反対意見に意識的に触れる

まず初級として、自分が好きな著者やインフルエンサーとは反対意見を言っている人たちの情報に、意識的に触れるようにすることです。

お気に入りの著者やインフルエンサーの意見や情報ばかりに接していると、自分に心地よい意見や情報が世の中の主流だと思うようになってしまうエコーチェンバー現象が起きてしまいます。

そこで、意識的にそれらの人たちの反対意見や異なる情報に接するようにするんです。

ただ、際限なく反対意見や異なる情報を追いかけないようにしましょう。時折でいいんです。そうしないと、今度は時間泥棒に遭ってしまいます。大切なのは、物事を多角的・多面的に捉える癖を身につけることです。

方法②：中級　ディベートをする

次に中級として、ディベートをします。企業研修や個人向けにリアル会場またはオンラインでディベート勉強会をしているサービスがたくさんあるので調べてみてください。

気をつけないといけないのは、ディベートは自分の意見を主張し合う討論ではありません。あるテーマと結論について、賛成派と反対派に分かれて討論するのですが、このとき各人の考えに基づいて賛成派と反対派に分かれるのではありません。自分の意思に関係なく強制的に賛成派と反対派のどちらかに割り振られるんです。ここが大事ですね。

そして、賛成派に割り振られた人は、自分の意見に関係なく賛成派としての主張をしなければなりません。反対派に割り振られた人も同じです。

例えばＣｈａｔＧＰＴを仕事に導入するのは賛成か反対かについてディベートすることになったとき、あなたは本当は既に使っているし賛成派だったとしても、反対派に割り振られたら反対派として議論に臨まなければならないんです。これがディベートのルールです。

このディベートのトレーニングを実践していると、物事を賛成派と反対派の両方から考察できるようになります。

方法③：上級　自分の仕事スタイルや生き方にポリシーを持つ

そして上級として、自分の仕事スタイルや生き方にポリシーを持つことです。つまり物事を判断するための軸を持つんです。自分の立ち位置を決めておくといってもいいかもしれません。

ある課題やトラブルに直面し、今得ている情報で判断を下さなければならないときに、思考停止になってしまうのは自分の軸を持っていないからなんです。自分の軸を持っていないと、知識を集めようとしますが、知識が足りないので思考停止してしまうわけです。

テレビなどで、どんな質問をされてもすぐさまきっぱりと自分の意見をコメントできる人たちがいますよね。あんなにすぐに何でも質問に答えられてかっこいいなぁ、と思っている人もいるかもしれません。

あの人たちがどんな話題に対してもすぐさましっかりとした自分の意見を言えるのは、知識が豊富だからではありません。自分の軸を持っているからです。自分の立ち位置がフラフラしている人は、何を聞かれても「うーん、どうなんだろう」と考えが定まりません。

The Breakthrough Company GO 代表取締役の三浦崇宏さんが著書『言語化力 言葉にできれば人生は変わる』（ＳＢクリエイティブ）で次のような話をしています。

自分の子供に「早くからスマホを触らせることに賛成か反対か」と質問されたら、自分は即答で「触らせる」と答えると言うんです。

三浦さんは別に子供の脳科学の専門家ではありませんし、教育の専門家でもありません。また、子供を何人も育ててスマホを触らせた子供と触らせなかった子供の成長ぶりを比較した体験があるわけでもありません。つまりこの件に関しては専門家ほどの知識を持ち合わせているわけではありません。

だけど迷いがないんです。

なぜ迷いなく即答できるのかというと、三浦さんは、最新のテクノロジーにはとりあえず触らせた方が、柔軟性と適応力がつくという生き方の軸を持っているからなんです。

このような信念がなければ、例えばテレビに教育の専門家を名乗るコメンテーターが登場して、スマホは子供の成長に悪影響を与える可能性がある、とコメントすれば、それを見て、「そうなんだ、それじゃぁ、子供がスマホに興味を持っても触らせないようにしないといけないな」とうのみにしてしまうかもしれません。

そして次の日に雑誌で「子供のうちからスマホなどのデジタルデバイスに慣れておかないと、ＩＴツールの操作は日本語と同じぐらい仕事現場で大切になる未来がくる」という専門家の記事を見つけたら「やっぱりスマホを渡して慣れてもらおうかな」と、また意見がフラフラしてしまうかもしれません。

先ほど反対意見に触れる重要性を話しましたが、それに自分軸が加わると、さらにクリティカルに物事を捉えることができるようになります。自分軸がないと、その時の気分によって、たとえ自分と反対意見でも有名人や有識者の意見だったらなんとなく納得してしまいがちです。

このとき、自分の考えが正しいかどうかは二の次です。まず、疑う姿勢を持てることが大切です。そうすれば、次の段階として、「あれ、自分の考えと違うが、どんな根拠があるのだろう。あ、なるほどそんな根拠があったのか。それなら自分の考えが間違っているから正しておこう」と自分の誤りにも気づきやすくなるんですね。

しかし、自分が普段から何を考えているのかあやふやな人は、そもそも人の意見が自分と異なっている、という比較ができませんから、自分の誤りにも気がつかないんです。

だから、クリティカルシンキングスキルを高めるためには、たとえ間違っていたとしても、とりあえずの自分の軸を持っておくことが大切になるんですね。

方法④：超上級　自分自身も疑う

そして超上級では、自分自身も疑う力を身につけます。

クリティカルシンキングではあらゆる情報に疑いの目を向けるのですが、僕たちはどうしても疑うことを忘れている対象を持っています。それは、自分の思い込みです。

クリティカルシンキングは批判的思考と訳されることが多いのですが、その批判の対象は自分自身の考えにも向けられるべきなんですね。

心理学者のE・B・ゼックミスタさんとJ・E・ジョンソンさんの共著『クリティカルシンキング 実践篇 あなたの思考をガイドするプラス50の原則』(北大路書房)には、僕たちが本当は理解できていないのに「分かったつもり」になることを「錯知」と呼び、その現象の原因に「デフォルト仮定」があると指摘しています。

デフォルト仮定とは、「自分は正しく理解している」と見なすことで、誰かに警告されない限り、自分が読んだり聞いたりしていることを「自分は理解できているはずだ」と仮定してしまい、特に疑問を感じないためにより正しく理解する努力をやめてしまうんです。

その結果、例えばある記事を読んでいて、途中まで「ああ、この話ね」と理解したと思い込んでしまうと、実は記事の最後に自分とは異なる見解が記されている文章を読んでいるにもかかわらず、異なる見解であることに気づかないことがあるといいます。

また同書では、このように深く考えない理由には条件付きで考える「条件付き思考」

ではなく、条件を付けない「絶対的思考」をしているからだとも指摘しています。しかも「条件付き思考」と「絶対的思考」は、いともたやすく他人に誘導されてしまうんです。

同書ではハーバード大学で行われた実験を紹介しています。それは次のような実験です。

大学生を2つのグループに分け、一つのグループにはゴム製のバンドのような品物を見せて「これは、犬が噛んで遊ぶおもちゃです」と絶対的なものとして説明し、もう一つのグループにも同じゴム製のバンドを見せて「これは、犬が噛んで遊ぶおもちゃかもしれません」と条件付きのものとして紹介しました。

そしてそれぞれのグループで実験者が、消しゴムがなくて困ったふりをして「どうしたらいいか」と学生たちに尋ねると、絶対的な説明を受けた学生たちには誰も解決案が浮かばなかったのに対し、条件付きで説明したグループの約40%の学生たちは、「そのゴム製のバンドを消しゴム代わりに使ってみたらどうですか？」と提案したんだそうです。

面白い実験ですよね。僕たちは、こんなふうに、自分の思い込みに縛られて思考しているんですね。クリティカルシンキングの超上級では、この自分の思い込みすらも、疑う力を身につけることを目指したいですね。

僕は仕事部屋の壁に、アルバート・アインシュタイン氏の「常識とは18歳までに身につけた偏見のコレクションである。(Common sense is the collection of prejudices acquired by age 18.)」という名言を貼ってあります。「18歳までに」というのは学校を卒業するまでにというような意味だと思いますが、やはりうまいこと言うなぁと思います。

僕はこの言葉をいつも肝に銘じているんです。

身につける際の注意点

僕がユーチューブに未来予測動画を公開すると、様々なコメントを頂きます。その中で多いのが、「この先、どんな資格を取っておけばいいですか?」とか「どの業界に転職したら将来安泰ですか？」という質問なんですね。

このようなコメントを書き込む人たちは、誰かに正解を示してほしいんですね。しかし僕に言わせれば、「そんなコト知らないよ」なんです。

自分で最適な解を求めて行動することが大切なのであって、誰かに示してもらえる正解なんてあるわけがないんです。

それぞれの適性、性格、得意不得意、好き嫌い、仕事に求めるやりがい、欲しい給料、みんな違うわけです。さらにこれから変化がますます激しい社会になる。これだけ不確定要素がある中で、正解なんかあるわけがないですよね。

このような人たちは、クリティカルに物事を見ていません。僕のユーチューブの動画を見た後は、自分なりにインスピレーションを受け、そこから先は本書でも取り上げている「自己責任力」を発揮し、自分で考えたり行動したりすればいいんです。

考えも変えず行動も変えず、正解を求めるのは、他力に頼っているんです。うまくいかなかったら、アドバイスした人のせいにできますからね。自己責任力が低いんです。

このようにクリティカルシンキングできない人たちは、目の前に教祖みたいな人が現れて、「人生の正解はこれだ！」「君はこうしなさい！」などと言われると、その通りにしてしまうリスクがあります。これは怖いことですよね。

余談ですが、僕は、このように先行き不透明な世の中では、「私の言う通りにすれば人生の正解に近づける」という怪しい教えを説く組織が増えると思っています。そのような組織にだまされないためにも、クリティカルシンキングは大切です。

スキル14

読書力

読書をすれば
独学できるんです

スキルの定義　**読書する習慣を身につける力**

多くのビジネス書で「読書は大事」と言っている中で、今さら友村も読書の話？って思いましたか？

以下を読んでいただくと、なぜ僕が今さら読書の重要性の話をしているのか分かっていただけると思います。

「読書力」とは、本を読むことで独学できる力です。また、読書の習慣を保つ力でもあります。

読書には主に、文芸作品やエッセイなどを読む趣味や娯楽としての読書と、啓蒙書や歴史書、哲学書など教養を高めるための読書、実用書やビジネス書を読む実利を求めるための読書、そして自己啓発書や、経済・テクノロジー・ビジネスなど世の中の動向を読む読書があります。

本書が提唱する「読書力」の対象は、主に実利を求める読書と世の中の動向を読むための読書です。

未来に必要な理由

あなたの悩みの解決策は、既に本に書かれている

必要な理由①：信頼できない情報が氾濫するようになる

経済学者の野口悠紀雄さんが、『現代ビジネス』に寄稿したコラム『生成系ＡＩのおかげで、凋落の新聞・テレビは「逆に復権する」かもしれない』※の中で、生成ＡＩにより質の低い情報が流通するようになることを、「腐ったレモンの流通」にたとえて

いました。

※現代ビジネス『生成系AIのおかげで、凋落の新聞・テレビは「逆に復権する」かもしれない（野口悠紀雄）』(https://gendai.media/articles/-/108966)

このたとえは、米国のノーベル経済学賞受賞者であるジョージ・アカロフさんが1970年に『レモン市場 品質の不確実性とマーケットメカニズム』という論文で使ったたとえを引き合いに出したものです。

すなわち、「レモン」は皮が厚いので、中身が腐っていても外からは見えないために、品質の低いモノが流通してしまうという意味です。

野口さんの予測に僕は全く賛同します。

これから、ChatGPTに代表されるような生成AIが生成した二次情報以降の信頼性の低い情報が大量生産されて流通するようになります。しかしこれらの情報は皮が厚くて腐っていることが分からないレモンのように、あたかも事実であるかのように見えますので、読み手は無防備にも事実として受け入れてしまう可能性があります。

野口さんは、このような信頼性が低い情報が洪水のごとく押し寄せてくる時代だからこそ、一旦は凋落した「新聞社やテレビ局、あるいは、出版社が発信している情報は信頼がおける」※と言っているんです。

※現代ビジネス『生成系AIのおかげで、凋落の新聞・テレビは「逆に復権する」かもしれない(野口悠紀雄)』(https://gendai.media/articles/-/108966?page=3)

僕は特に出版社が発信している書籍を重視しています。

なぜ、書籍を重視するかと言うと、いつでも更新・削除できるウェブ上の情報や、情報に関する素人が投稿しているSNSとは異なり、書籍は印刷物として残ることと、それ自体が有料の商品であることから、記載されている内容の信頼性が高いと考えられるからです。

書籍が完成するまでにはその書籍を執筆するにふさわしいと厳選された著者が自分の

英知を絞り出して責任を持って執筆し、編集者や監修者、校閲者たちが品質チェックを行うなどして、印刷物として市場に出るまでに何重ものフィルターを通して品質が担保されているんです。

もちろん、書籍にも良書と悪書があります。中にはしょうもないデタラメが書かれている書籍もあります。ただ、確率として、書籍の方がネットよりも信頼性が高く系統立てられた情報を提供してくれる媒体だと言えます。

しかもネット上のコンテンツの多くは、SEO記事に代表されるように、コンテンツ自体を作品や商品として提供しているのではなく、あくまで広告を見せるための客寄せの手段とか、バックエンド商品（本命商品）を購入させるためのマーケティング施策の一つでしかない場合が多いんです。

一方、書籍（広告を掲載しているムック本などは除く）の場合はそれ自体が本命商品であることがほとんどですから、コンテンツの濃さも信頼性も格が上だと言えます。

実際に僕も今こうやって本を執筆していますが、これほど全身全霊で魂を込めることは絶対ユーチューブではできません。

必要な理由②：故《ふる》きを温《たず》ねて新しきを知る

2030年に向けて、世の中はまだ人類が体験していない変化を加速させていきますから、当然、人は仕事においても人生においても壁にぶつかることが増えるでしょう。ここまで本書で僕も何度も「仕事の挑戦は失敗する割合が増える」と言いましたよね。

その壁にぶつかったときに打開策のヒントを教えてくれるのが書籍です。

「書籍には過去の知恵しか書かれていないから、未体験の壁の打破には非力なんじゃないの？」と思われるかもしれません。

しかし、そのようなことは全くありません。

書籍に書かれている人類の英知は過去の知恵かもしれませんが、普遍性が高いんです。つまり、現代にも未来にも役立つ英知が記載されているんです。温故知新（故きを温ねて新しきを知る）と言うではありませんか。全く新しいテクノロジーにしても、これまで人類が積み重ねてきたテクノロジーが支えているんです。

ですから、個々人の仕事や生活上の悩みから国家の政策上の問題、そして人類の課題に至るまで、あらゆる問題の解決のヒントを書籍に見つけることができます。

書籍には先人たちの膨大な英知が込められています。いえ、先人に限らずとも、同時代を共に生きている学者や研究者、企業家、技術者、芸術家、ジャーナリスト、評論家といったたくさんの人たちの英知も書籍に閉じ込められています。

それが、わずか2000円程度で手に入るんです。これほどコスパの良い投資が他にあるでしょうか？

ですから、何か悩んだら、壁にぶつかったら、書店に行きましょう。アマゾンで検索してもいい。

断言します。いま現時点であなたが悩んでいることの解決策は、既に出版されているどれかの本に書いてあります。

現在、リスキリングやリカレント教育ビジネスがはやっていますが、これらのかっこいい横文字に踊らされず、まずは読書しましょう。わずか2000円ほどで、答えを見つけられるかもしれません。

必要な理由③：1日わずか1％の成長を甘く見てはいけない

イタリアの経済学者であり社会学者であり、哲学者でもあったヴィルフレド・パレート氏が、人口の20％が富の80％を所有していることを発見したことから「パレートの法則」が生まれました。「2対8の法則」として知られています。

この法則はあらゆる事象にほぼ当てはまる面白い法則で、「会社では2割の人が8割の売り上げに貢献している」などと使います。

さらに、リチャード・コッチさんの『増補リニューアル版 人生を変える80対20の法則』（CCCメディアハウス）には、人生の中の2割の時間が人生の8割を決めてしまうと書かれていたんです。

これはヤバイですよね。その2割を、ゲームをしたり動画をだらだらと見て過ごしたりしていたら、どういうことになるのか。

逆に読書に費やしたらすごいことになりそうじゃないですか？

成長の仕方を計算する面白い計算式があります。

人が1日に、ほんの1％でも成長することを続けていたら、1年後には37・8倍の効果が出ているというんです。いったいどんな計算なんでしょうか。

最初に、今日のあなたの能力が１００％とします。今日１％成長すれば、明日は「１００×１・０１」で１０１％の能力に成長しています。そこでまた１％成長すれば明後日には「１０１×１・０１」で１０２・０１％になりますよね。それでまた１％成長すれば「１０２・０１×１・０１」で１０３・０３０１％の能力になりました。

これで1年後を計算すると、１０１％の３６５乗で３７８０％、つまり約37・８倍になるんです！

継続は力なり、ですね。

さて、それではいったい、月にどれくらいの本を読んだらいいのでしょうか。

実はたった1冊です。

たった1冊で、他の人に差をつけることができるんです。もちろん、読める人は何冊でも読んで構いません。

なぜたった1冊でいいのか、その根拠を挙げます。

文化庁は平成30年、25年、20年、14年と読書についての調査を実施しています。最近公開されているリポートに『平成30年度「国語に関する世論調査」の結果の概要』※があります。

※文化庁『平成30年度「国語に関する世論調査」の結果の概要』(https://www.bunka.go.jp/tokei_hakusho_shuppan/tokeichosa/kokugo_yoronchosa/pdf/r1393038_02.pdf#page=10)

調査対象は全国16歳以上の男女です。この人たちに、1カ月で何冊くらい本を読んでいるか調査したところ、「読まない」が47・3%、「1、2冊」が37・6%、「3、4冊」が8・6%、「5、6冊」と「7冊以上」がそれぞれ3・2%です。

つまり、半数近くの人が月に1冊も読んでいないんですね。ですから、月に1冊以上読めば、あなたはらくらくと上位に食い込めます。

身につける方法　書店内の空気に触れる

読書力の身につけ方は人により千差万別でいいと思います。月に何冊読まなければならないなど自分に重いルールを無理やり課す必要もありません。

また、読書力とはいっても、これは多分に習慣を身につけられるかどうかの問題になるんじゃないかと思います。

そこで、僕なりの読書力の身につけ方を紹介します。

方法①：大型書店の店内をくまなく回る

まず、時間があればとにかく大型書店に行き、店内をくまなく見て回ります。

何か本を買わなければと力んで見て回る必要はありません。書店の空間に身を置くだけでいいんです。紀伊國屋書店や丸善、ジュンク堂書店、三省堂書店など、地域によって大型書店のラインアップは異なると思いますが、とにかく店内を散策してください。うろうろするだけでいいんです。

そこで、本を探している人たちと同じ空気を吸い、同じ時間を過ごしてみます。無理に意識高い系のコーナーを目指す必要はありません。本のタイトルや装丁をざっと眺めているだけでも、時代の空気が読めてきます。

「ああ、最近はこんなテーマが注目されているのか」とか、「さっきから同じキーワードが頻繁に本のタイトルに出てくるけど、なんのことだろう」など、時代のトレンドも見えてきます。すごいですね！まだ本を読んでいないのに、もう時代のトレンドを察知できました！

その中で、気になる本があったら手に取ってみて、目次やまえがきを読んでみましょう。直感で選んだ本だからこそ、あなたが進むべき道を示してくれるかもしれません。

方法②：1冊の本からたくさんのことを学ぼうとしない

本の読み方ですが、速読法を身につける必要はありません。もちろん挑戦してみても構いませんが、マイペースで読んだ方が習慣として続きやすいと思います。速読をマスターしてこの本を5分以内に読まなければならないなどとノルマを課した途端に、読書が苦痛になってしまうかもしれません。

ただ、一つだけ僕が実践している読み方を参考までに紹介します。

それは、近藤麻理恵さんの世界的ベストセラーになった『人生がときめく片づけの魔法』（サンマーク出版）をはじめ多くの著者の出版プロデュースに携わった土井英司さんの著書『一流の人は、本のどこに線を引いているのか』（サンマーク出版）で紹介されている読書法です。

そこに書かれているのは、1冊の本からたくさんのことを学ぼうと貪欲になり過ぎないことです。逆に言えば、「せっかく読んだのに大して得られたことがなかった」と読書を諦めないことです。

土井さんは、読書はたった1行でも衝撃を受ける文章に出合えれば、もう本を閉じても構わないとすら言っています。書籍代に対する十分なリターンを得ることができたということですね。

ですから僕も、読書は1冊の中に1行でもいいから忘れられないメッセージを見つけるためのゲームだと思っています。

身につける際の注意点

わずか1行でも忘れられないメッセージを見つけることができれば書籍代に投資したリターンが得られたと思えばいいと述べましたが、ここで読書に対する注意点をお話しします。

読書をするに当たっては、サンクコストに溺れないようにしなければなりません。

サンクコスト（sunk costs）とは、埋没費用とも呼ばれ、費やした労力や時間、お金を意味します。そしてこのサンクコストを無理やり回収しようとする心理効果がサンクコスト効果です。

つまり、「せっかく1500円も払って購入した書籍なのだから、面白くなくても全部読まないともったいない」と考えてしまい、なんとか時間を掛けて読み通そうとした結果、何も得ることがなく時間泥棒に遭ってしまった、ということにならないように注意しなければなりません。

この本は一字一句読む必要がない、と判断したら、必要なところだけを拾い読みしてもいいですし、この本からは得るものがなさそうだ、と思ったら、読むのをやめてもいいいんです。

そんなときは、さっさと次の本を読み始めた方がいい。

また書籍代がもったいないと思ったら図書館を利用すればいいのです。

もう一つの注意点は、読みっぱなしにしないことです。感銘を受けた1行に出合ったら、それを何かしらの行動として実践してください。単に知識を得ただけにしておいてはすぐに忘れてしまいますし、行動に変えないと、現実の世界は1ミリも変わりません。ただ本からいいことを知った、という自己満足で終わってしまいます。

読書の最も大切なことは、行動につなげることです。

筆者お薦めの本。これだけは読んで損はない！

ここで、僕が独断と偏見で選んだお薦めの本を紹介します。今回は本書を手に取ってくれたビジネスパーソンと相性が良さそうな本をピックアップしましたので、気になる本があったら、躊躇せずに読んでくださいね。

■頭が良くなりたい方へ
齋藤孝さんの『「頭がいい」とは、文脈力である。』（ＫＡＤＯＫＡＷＡ）

■フューチャリスト第一人者の未来予測
藤井保文さん、尾原和啓さんの『アフターデジタル　オフラインのない時代に生き残る』（日経ＢＰ）

■読書せずにいられなくなる本
丹羽宇一郎さんの『死ぬほど読書』（幻冬舎）

■「学生時代に読みたかった」と初めて後悔した本
土井英司さんの『「人生の勝率」の高め方 成功を約束する「選択」のレッスン』（KADOKAWA）

■キャリアアップの教科書にすべき一冊
藤原和博さんの『10年後、君に仕事はあるのか？-未来を生きるための「雇われる力」』（ダイヤモンド社）

■僕の人生のベスト3に入る名著
ユヴァル・ノア・ハラリさんの『サピエンス全史』（河出書房新社）

■仕事の息抜きにどうぞ！生物が死ぬ理由を考えたことありますか？
小林武彦さんの『生物はなぜ死ぬのか』（講談社）

■あなたの脳が散らかるのは、部屋が散らかっているから

佐々木典士さんの『ぼくたちに、もうモノは必要ない。―断捨離からミニマリストへ―』（ワニブックス）

■諸行無常、世の中に永遠なんてありません
ジョージ・ギルダーさんの『グーグルが消える日 Life after Google』（SBクリエイティブ）

■データを基に日本の未来を予測した本
河合雅司さんの『未来の年表 業界大変化 瀬戸際の日本で起きること』（講談社）

■読むだけで仕事の生産性が上がります
樺沢紫苑さんの『脳のパフォーマンスを最大まで引き出す 神・時間術』（大和書房）

■育児本だけど現代のビジネスマンに読んでほしい
坪田信貴さんの『「人に迷惑をかけるな」と言ってはいけない』（SBクリエイティブ）

■隠れた自分の才能に目覚めたいなら！

水野敬也さんの『夢をかなえるゾウ』シリーズ（文響社）

■本書のあとがきで詳しく解説する名著

黒川伊保子さんの『前向きに生きるなんてばかばかしい　脳科学で心のコリをほぐす本』（マガジンハウス）

最終章

AIに奪われない「幸せを感じるスキル」

スキル15

お金の使い方

自分の
脳と健康に
投資する

スキルの定義

お金を自分の脳と健康のために使う

「お金の使い方」は自分の脳と健康に稼いだお金を投資することが重要です。

お金に関するユーチューバーでダントツの人気を誇る両@リベ大学長さんの『本当の自由を手に入れる お金の大学』（朝日新聞出版）によれば、お金に関する大事なスキルは、「貯める、稼ぐ、増やす、守る、使う」の５つです。

この中でも「稼ぐ」が最も大事に思えますが、「稼ぐ」の重要度は人によって目指す年収が異なりますし、ｔｏＢで稼ぐのかｔｏＣで稼ぐのかによっても変わってきます。さらにサラリーマンなのか経営者なのか個人事業主なのか、あるいは肉体労働なのか頭脳労働なのかなど、人により稼ぎ方が異なるため、「こうやれば稼げる」という話には再現性がありません。

しかし「使う」に関しては、誰にでも共通する使い方があります。それが自分の脳と健康への投資です。

楽天グループの代表取締役会長兼社長である三木谷浩史さんが、何かのテレビ番組で「お金っていうのは稼ぐよりも使う方がはるかに難しい」という趣旨のことを話していました。まさにその通りだと思います。

ではお金をどう使うのか?あるモノに投資してほしいと思っています。

投資と聞くと、株、不動産、投資信託、金（ゴールド）、国債など、いろいろ思いつくかもしれません。しかしそれらを圧倒的に凌駕《りょうが》する世界で一番投資対効果が高いもの、それが自分の脳と健康への投資です。

未来に必要な理由　ますます二極化が進む

必要な理由①：能力主義への変化

成長産業支援事業を行っているフォースタートアップスが運営する情報プラットフォーム「STARTUP DB」で発表された２０２３年の世界時価総額ランキングによると、１９８９年には上位50社中32社が日本の企業で占められていました。しかし２０２３年の発表では、上位50社中日本企業はゼロという衝撃的な結果が出ました。日本企業のトップは52位のトヨタ自動車です※。

※MAGAZINE｜STARTUP DB『２０２３年世界時価総額ランキング。世界経済における日本の存在感はどう変わった？』(https://startup-db.com/magazine/category/research/marketcap-global-2023)

このランキングに日本の失われた30年が見えてきます。50位内の企業を見ると、１位のアップルを筆頭に、マイクロソフトやアルファベット、アマゾン、テスラなどが上位を占めています。他には投資関係やエネルギー関係、そしてＩＴ機器のメーカーがランクインしています。

これらの企業の共通点は、ＩＴを駆使していることと、優秀な人材を高額報酬で雇っていること。同時に、能力がないと判断された人員は即刻解雇していることです。つまり、能力主義を徹底している企業なんですね。

つまり日本は、『言ってはいけない―残酷すぎる真実―』（新潮社）、『バカと無知―人間、この不都合な生きもの―』（新潮社）など多数の著書がある作家・橘玲さんが言うところの「無理ゲー社会」に突入しているわけです。無理ゲーとはクリアできないゲームのことですね。

企業の雇用に対する考え方も変わってきており、既に大手企業ではパフォーマンスの悪い社員は黒字リストラしたり、採用においても従来のメンバーシップ型雇用からジョブ型に変えたりし始めています。

メンバーシップ型雇用とは、新卒者を一斉採用して様々な部署を経験させて育成していく方式ですが、ジョブ型雇用では先に必要としている業務に合わせて専門性の高い人材を採用します。

メンバーシップ型雇用では新入社員は同じ額の給料から一斉にスタートしますが、ジョブ型雇用の場合は入社した段階から専門的な能力に応じて給料の額に倍以上の差がつけられることも珍しくありません。

つまり、世の中は完全に能力主義に向かっているんです。ですから、各人は能力を高めなければ仕事に就けなくなるし、高い給料ももらえなくなるわけです。

この変化に対応するには、自らの能力を高めるための投資をする必要があります。

例えば２０１２年に楽天が社内公用語を英語にして話題になりました。英語の能力が人事評価制度に盛り込まれましたので、英語が使えない人はもう出世できないわけです。

楽天が社内公用語を英語にすると表明した2010年の社員のTOEIC平均スコアは526点でした。これが2015年4月になると800点になっています。わずか4年半でこれだけスコアが伸びた理由は、優秀なトレーナーを採用したことと業務に英語のプログラムを取り入れたことだといわれています。

しかし、このスコアの伸びは劇的です。恐らく、平均スコアが伸びた背景には、平均スコアの足を引っ張っていた英語が苦手な人たちが相当数脱落して退社しているのではないかと思われます。

つまり、全員が仲良く英語力を高められたのではなく、英語力の低い人たちが辞めて、代わりに英語力の高い人たちが採用されたのではないでしょうか。実際、現在の楽天にはハーバード大学やイェール大学、スタンフォード大学からの採用も増えているといいます※。

※東洋経済オンライン『楽天の「英語公用語化」は、ヤバいです 楽天・三木谷社長ロングインタビュー(その2)』(https://toyokeizai.net/articles/-/33821?page=3)

その結果、平均スコアの劇的なアップとして現れたのでしょう。

この推測が当たっていれば、楽天は能力の低い人が会社を去り、能力の高い人を採用するという時価総額ランキング上位企業の雇用スタイルを取り入れたことになります。

この流れは他の企業にも浸透するでしょう。もはや止まらない潮流です。しかも楽天の例でも分かる通り、優秀な人材を採用できるのであれば、何も少子化が進んでいる日本国内での激しい人材確保競争をしなくても、海外から採用すればいい、という流れが出てきます。実際、三木谷さんは東洋経済オンラインの取材に対し、企業が競争優位性を高めるための人材採用について次のように語っています※。

※東洋経済オンライン『楽天の「英語公用語化」は、ヤバいです　楽天・三木谷社長ロングインタビュー（その2）』（https://toyokeizai.net/articles/-/33821?page=3）

「日本でコンピュータサイエンスを専攻している卒業生は、だいたい年間2万人しかいません。それに対し、アメリカは約6万人、中国は100万人、インドは200万人いるんですよ。だから何百万人のプールから人を雇うのか、それとも2万人のプールから雇うのかによって、競争優位が全然変わってきます」

うかうかしていられませんよね。これからＡＩが仕事を奪うかもしれないという予測が注目されていますが、それ以上に外国人に仕事を奪われ始めているんです。

楽天の社内で英語が社内公用語になる以前から社員だった人たちのうち、ＴＯＥＩＣスコアを８００点台に伸ばして生き残った人たちは、恐らく社内の英語学習プログラムだけでなく、終業後も英会話教室や自宅で、猛烈に英語の勉強をしたのではないでしょうか。つまり給料の一部を、自分の脳に投資してきたんじゃないかと思うんです。

日本人は真面目で勤勉な印象がありますので、さぞかし勉強熱心な国民かと思うと実はそんなことはありません。総務省によると、２０２１年において日本に住んでいる10歳以上の人が「学習・自己啓発・訓練（学業以外）」に費やしている時間は１日当たりわずか13分です。「テレビ・ラジオ・新聞・雑誌」が２時間８分、「休養・くつろぎ」１時間57分、「趣味・娯楽」が48分であることと比較するとかなり少ないですよね※。

※総務省統計局『令和3年社会生活基本調査　生活時間及び生活行動に関する結果　結果の概要』（https://www.stat.go.jp/data/shakai/2021/pdf/gaiyoua.pdf#page=3）

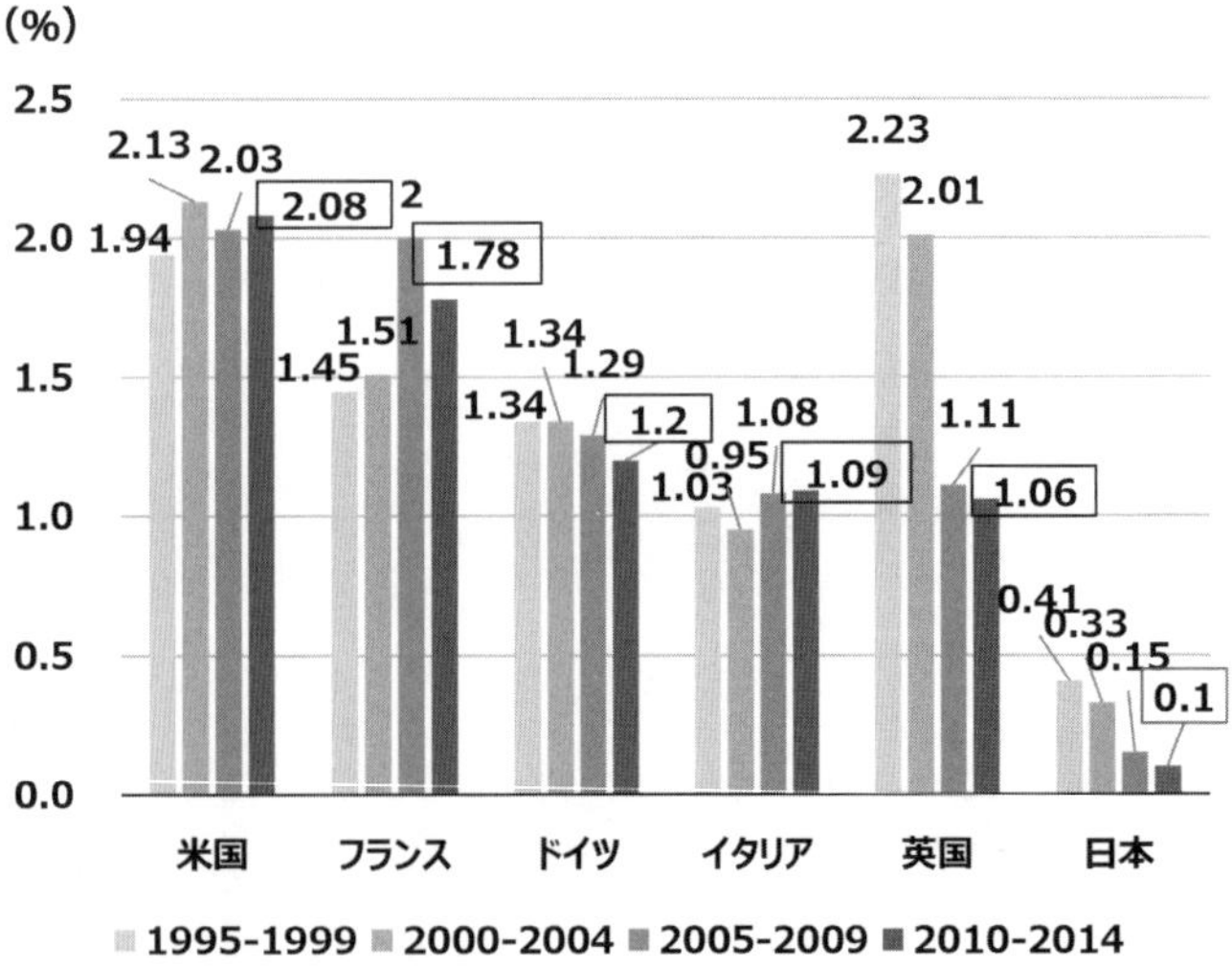

（出所）厚生労働省「平成30年版労働経済の分析」を基に経済産業省が作成。

図表10　人材投資（OJT以外）の国際比較（GDP比）

出所：経済産業省 経済政策局『経済産業省の取組　令和4年2月』（https://www.mhlw.go.jp/content/11801000/000894640.pdf#page=2）

さらに、日本企業がＯＪＴ（職場内訓練）以外の人材投資額のＧＤＰ比は、諸外国と比較して著しく低いんですよ。しかも減少傾向にあります（図表10）。

いかがですか？　日本人は思いの外自分の脳に投資していないんです。大人になったら勉強しないんです。

これでは、ＡＩだけでなく、遠く離れた家族のために真面目に日本語を勉強して一生懸命日本で頑張る外国人に仕事を奪われてしまうんじゃないでしょうか。

それじゃぁ、ということであなたは仕事を終えてから英会話教室に通うことにしたとします。仕事でも座りっぱなしだったのに、英会話教室でも座りっぱなしで、とうとう腰が痛くなってしまい、整体院に通うようになりました。あるいは運動不足を解消するためにトレーニングジムに通うようにしました。

これはつまり、健康に投資を始めたことになるんです。昔から「体が資本」というように、何をするにも健康な体があってこそですよね。

無農薬や有機栽培の野菜など、食品の安全性にこだわって少々値段が高めの食品を選ぶことも健康に対する投資です。

また、より良質な睡眠を取るために、良質なマットレスや枕を買うことも、さらには夜電車の音で眠れないなら防音窓にリフォームするお金や引っ越しするお金も、広い意味で健康への投資といえます。

とにかく健康でなければ仕事でパフォーマンスを発揮できませんし、脳に対する投資をしても学習効果が下がってしまいます。また、「人生100年時代」を迎えて寿命が延びてきているときに、より長く働ける体をつくるために投資しておくことは、非常に大切です。

逆に、健康への投資をケチって整体にも行かずにトレーニングジムにも行かない、さらに食品も安いジャンクフードばかり食べていたら、健康を損なって病気になり、結局余分な医療費を支払わなければならなくなってしまうんです。

必要な理由②：AIを使う側になるか、AIに追い出される側になるか

ちょっと悲観的な話になりますがお付き合いください。

ChatGPTなどの生成AIを触ってみて、「こんなのまだ仕事では使えないな！

俺の仕事が奪われることはなさそう」と思っていませんか？

生成ＡＩは、今はまだよちよち歩きの赤ちゃんです。

今後、指数関数的に急激な進歩を見せて、ほんの数年で大人に成長するはずです。このとき、ＡＩが真っ先に奪っていくのは指示待ち人間のホワイトカラーの仕事です。

すると、ホワイトカラーとして働いている人たちの中で、テクノロジーを上手に使いこなして生産性や付加価値を高める人たちと、テクノロジーに業務を奪われて職を追われる人たちに分かれます。

職を追われたホワイトカラーの人たちは、テクノロジーに代替されにくいブルーカラーの職場に転職してくるかもしれません。その結果、ブルーカラーといわれる職場環境の人たちが供給過剰になり、時給が上がりにくい状況が起こるかもしれません。

一方、テクノロジー駆使力を発揮し、テクノロジーを上手に使いながら課題発見ができる人はますます企業で重宝されるでしょう。

ＡＩをはじめとするテクノロジーは、僕たちにこのような二極化をもたらすんですね。

そうはいっても、クリエーティブな仕事の現場は、これからも人間の創造性や匠の技が必要とされるので、ひとまずは安心だと思っている人たちがいます。

その考えも改めた方が良さそうです。

本稿を執筆しているときにアドビがAdobe Firefly（ファイアフライ）という生成ＡＩによる新機能を発表しました。これまでも画像・写真編集ソフトPhotoshopには高度な修正・加工の機能が備わっていましたし、少しずつアップデートされてきました。しかし今回のアップデートは次元が異なります。

例えば、あなたはPhotoshop職人だとします。クライアントから支給された人物の写真データを確認したところ、人物の背景に何やら物が乱雑に積み重ねられて散らかった状態になっています。クライアントからは、「この写真を使いたいので、背景の散らかっているところをおしゃれな本棚にしてほしい」と言われました。

さぁ、Photoshop職人の腕の見せどころです。フォトストックサービスに登録されている膨大な写真の中から、違和感のない本棚の写真を探し出します。それを重ね合わせ、さらに人物と同じような光の当たり具合にするために自然な影を加工して挿入します。いったいどれくらいの時間がかかるでしょうか。

これは非常に高度な技術です。職人技を身につけた人にしかできない加工ですから、何時間もかけて繊細な作業を行わなければなりません。いえ、なりませんでした――これまでは。

そう、先ほど説明した作業で匠の技術が必要なのは過去の話です。アドビが発表したAdobe Fireflyの新機能では、人物が写っている写真に「背景に本棚を挿入したい」と命令したら、ＡＩが自動的にふさわしい本棚をはめ込んでくれるのです。気に入らなければ何パターンも一瞬で出してくれます。

つまりPhotoshop職人の匠の技が高単価でなくなる時代がもう始まっているのです。「本棚を挿入して」と日本語で打ち込むだけなのですから。

Photoshopで仕事をしている人はこの話を聞いて、いやいやまだまだベータ版で実用レベルじゃないよと言うでしょう。繰り返しますが、今の生成ＡＩは生まれたての赤ちゃんで、これから指数関数的に大人に成長していきます。

この新機能は衝撃的です。技術が衝撃的なことは言うまでもありませんが、本当に衝撃的なのは、もはや誰でもPhotoshop職人になれるということです。

日本語ができれば誰でもなれるんです。もちろん写真加工だけではなく、イラスト・ロゴ生成も同様です。

これらのことが意味するのは、これまで職人的な匠の技を習得したクリエーターでなければ活躍できなかった現場に、全くのアマチュアもしくは素人がテクノロジーを駆使して、業界になだれ込んでくる事態になったことです。その結果、クリエーターも二極化し、供給過多になれば当然時給が下がる現象が起きるでしょう。先述したプロカメラマン業界と同じ現象ですね。

一方では、生成ＡＩに指示を出すプロンプトエンジニアという職業が生まれています。エンジニアといってもプログラミング言語を使うことはありません。英語や日本語といった人の言葉を使うのです。ただし、生成ＡＩからより良い結果を引き出すための上手な指示を出すスキルが必要です。既に米国では、年収約５０００万円のプロンプトエンジニアが活躍を始めています※。

※ＮＨＫ『年収５０００万円！ ＣｈａｔＧＰＴ操る「プロンプトエンジニア」って？』（https://www3.nhk.or.jp/news/html/20230518/k10014071011000.html）

このように、これからたくさんの仕事がなくなると同時に、新たな仕事が生まれてきます。

ただし、これまでの3回の産業革命と違うところは、今回の第四次産業革命で新しく生まれる仕事はテクノロジーを基軸にしている内容が多いことです。この変化に対応する強靭な肉体と精神を鍛えるためにも、僕たちは自分の脳と健康にますますお金を投資していく必要があるんです。

身につける方法　預貯金はしない？

お金の使い方で意識してほしいことは、2つあります。

方法①：「投資」なのか「浪費」なのかを常に考える癖をつける

1つ目が、お金を使うときにそれが「投資」なのか「浪費」なのかを常に考える癖をつけることです。

例えば知識を身につけるために書籍を購入したりセミナーを受講したりするための出

費は「投資」ですね。これは分かりやすいと思います。

ただ、「投資」と「浪費」は、人により捉え方が変わってきます。例えば旅行で考えてみましょう。ある人は「知見を広めるための投資」や「心身をリフレッシュするための投資」と考えます。しかし、ある人は、「気晴らしに日常から逃れるための浪費」と考えるかもしれません。

このように、人によって捉え方が異なること自体は全く問題ありません。大切なのは「投資」なのか「浪費」なのかを常に意識する習慣を身につけることなんです。

ネットフリックスに『賢いお金の使い方』というお金の使い方をアドバイスする番組があります。その番組で、お金の使い方を「need, love, like, want」に分ける考え方が紹介されています。

もし、「投資」か「浪費」かの判断が難しい場合は、この「need, love, like, want」を意識してみるのも有効です。「need, love, like, want」は優先順位を示します。

「need」は家賃や光熱費、食費など、絶対に支払わなければならないお金の使い方です。

「love」は自分の心がときめくお金の使い方です。これがなければ人生が楽しくなくなってしまうというものですから、人によって異なります。ある人にとっては書籍代や、年に一度の海外旅行かもしれませんし、ある人にとってはワインかもしれません。

「like」はなくても困らないけれども、あればうれしいかな、という程度のお金の使い方です。

そして「want」は、後先を考えずに衝動的に欲しくなった瞬間的な欲望を満たすだけのモノやコトを手に入れるお金の使い方です。

従って、「like」と「want」だと判断したモノやコトにはできるだけお金を使わないようにし、「need」と「love」にお金を使うように心がけるのです。

このときに注意しなければならないのは、何が「need」で何が「like」なのかといった判断の尺度は、自分で持たなければなりません。有名人が「love」だと言ったから自分にとっても「love」だと思ってはいけません。

例えば僕はユーチューブの撮影をするときでも普段の生活でも、常にユニクロで売っている990円の白いTシャツを着ています。ユーチューブ専用ではありません。起きているときは常にこのTシャツを着ています。コンサルティングをするときもセミナーで講義をするときもこのTシャツです。パジャマ以外はほとんどこのTシャツです。

同じTシャツを7枚くらい持っていて、それらを繰り返し着回しているだけです。

なんでこのTシャツばかりを着ているのかと言うと、このTシャツにこだわりがあるわけではなく、僕にとってはおしゃれをすることが「need」でも「love」でもないからです。

1枚5000円のTシャツは僕にとっては高級品で良いお金の使い方ではありません。

それじゃぁ、ただのケチなのかと言うとそんなことはありません。

例えば米国のシアトルにアマゾンが無人のコンビニをオープンしたという情報をキャッチしたら、躊躇なく100万円以上のお金を使って視察に飛んでいきます。

この出費は僕にとって「need」であり「love」だからです。どうしても現地で体験して一次情報を取りたい、と思うんです。ですから「投資」でもあるんですね。

だけどTシャツには絶対に2000円も出したくありません。

ところがアパレルで働いている人やモデルさんたちは、990円のTシャツを着て仕事をするなんてあり得ないですよね。おしゃれを語るプロにとっては、服こそ「need」であり「love」なんだと思いますし、なによりおしゃれを語る説得力がなくなります。

方法②：モノではなくコトにお金を使う

そして2つ目は、モノではなくコトにお金を使うことです。

モノにお金を使ってしまう人よりも、コトにお金を使う人の方が幸福度が高いことが分かっているんです。モノは物質なので購入しても所有欲を満たすだけで終わってしまう可能性がありますが、コトは体験なので脳を刺激するんですよね。

つまり、コトにお金を使うことは「浪費」よりも「投資」になる可能性が高いんです。

もちろん、モノにお金を使った場合でも、そのモノが「love」で、眺めているだけでも幸せなんだ、身につけているだけで幸せなんだ、という場合もありますから、一概にモノにお金を使うことが悪いとは言えません。あるいはそのモノを手に入れることで新しい体験が持てるかもしれません。

身につける際の注意点

ここで一つ注意があります。絶対にやってはいけないお金の使い方があるんです。

それは預貯金です。

一般的な常識とは逆ですよね。僕たちは子供の頃から大人たちに預貯金することが大事だと教わってきました。

しかし、これはその頃の大人にとって、預貯金することは正しかったのです。利子が高かったこともありますが、預貯金をしても可処分所得にゆとりがあるほどの経済成長をしていた時代だからです。

また、生活水準が右肩上がりでしたから、欲しい物がたくさんありました。それでコツコツとお金をためて購入することで幸福感を得られたんです。

しかし、現在は実質給与が下がり続けていますし、生活水準も頭打ちですから、預貯金をすれば、その分確実に自分へ投資するお金が使えなくなります。

また、老後のために蓄えるといっても、利率も低いですし、実質賃金が下がっている中ではそもそも預貯金に回せるお金もそれほど多くはありません。

ですから老後に足りるかどうかという怪しい金額の預貯金をするよりも、収入を増やして長く働き続けられる能力と健康を身につけるために自分への投資をしておいた方が、結果的にリターンが大きくなるでしょう。

しかも既にお話ししたように、これからは能力主義になりますので、自分への投資を怠ると、収入を維持することすらできなくなるかもしれません。

「そんなことといって、病気とかしたらお金が要るじゃないか」と思われるかもしれません。だからこそ、病気をしないように健康にも投資するんです。

スキル16

捨てる力

捨てることで
大切なことに
フォーカスする

スキルの定義

モノも情報も、時には人脈も捨てる

「捨てる力」とは、自分が所有しているモノだけでなく、情報や時には人脈も捨てることで、自分の人生で本当に大切なことにフォーカスする力のことです。

僕たちは普段、モノや情報、人脈などを増やすことばかりに躍起になっていますが、その結果、失ってしまうこともあるんです。

未来に必要な理由

モノ、情報、人脈のノイズが時間泥棒になる

必要な理由：貴重な時間が奪われていく

２０３０年に向けて、いろいろなことが起きるでしょう。パンデミックや国際紛争、金融危機や政策ミスによる不況、ＡＩを中心とするテクノロジーの進化など、将来の予測を困難にする要素がてんこ盛りです。

だから僕たちは不安を覚えて、少しでも将来に備えようとしてモノをそろえて情報を集め、少しでも人脈を広げておこうとします。最新のニュースやＳＮＳの情報に触れては右往左往する機会も増えてくるでしょう。

このように「集める」一方で、僕たちは「捨てる」ことがなかなかできません。だから家や事務所にはモノがあふれ、いざというときに必要なモノが見つけられなくなっていませんか？

また、情報を集めるためにあれもこれもと見たり読んだり検索したりリンクをたどったりしているうちに、あっという間に時間が過ぎてしまいます。

そして、人脈を広げるために、役に立った実績もない飲み会に参加したりしていませんか?

これらの共通点は、人生の貴重な時間を奪われてしまっていることです。モノや情報、人脈のノイズが時間泥棒になっているんですね。

例えばあるスキルを身につけたいと思っているときに、ネットで「あ、これも知らないと損かも」と思って見ていたら「あ、こっちも気になる」「えーと、これも念のため見ておこう」などとクリックしているうちに、どんどん時間が過ぎてしまいます。

情報を得ることの本質は、情報を得たら行動することにあります。情報収集マニアになって情報を集めること自体が目的となってしまうと、ノイズがたまり過ぎて集中すべきことが何か分からなくなってしまいます。

あるとき、相撲のベテラン行司さんがテレビで話しているのを見たことがあります。行司といえば、相撲の取り組みで勝敗を判定する人です。ところがこの行司さんは、取り組みの最中に相撲は見ないというのです。つまり、力士たちの表情や技などの戦いぶりを一切見ていないということです。

彼はただ、ひたすら土俵から先に出たのはどちらか、土俵に足の裏以外の体の部位を付けたのはどちらかを判定するために、足と手だけを見ることに集中していると言うんですね。

うっかり力士の戦いぶりや真剣な表情に気を取られていると、どちらの足が先に土俵の外に出たのか、あるいはどちらの体が先に土俵についたのかを見逃してしまうからです。

つまり、その行司さんにとっては力士の戦いぶりはノイズなんで、それらの情報は捨てるんです。

僕たち働いている人たちは、会社員であれフリーランスであれ、自分の人生の時間を切り売りしてお金に換えているわけですよね。一部の不労所得がある人たちは別として。

そのように切り売りした時間の残りは有効に使わなければ損です。モノや情報、人脈などのノイズに時間を奪われていてはもったいないんです。自分のブランド力を高めるためのスキル習得や情報発信などにフォーカスする必要があります。

そうすれば、ノイズを捨てた分は、必ず対価として返ってきます。

身につける方法　モノ、情報、人脈の順で捨ててみる

捨てる力の身につけ方には初級・中級・上級の3つがあります。

方法①：初級　身の回りのモノを捨てる

まず、初級としては、身の回りのモノを捨てることです。物質世界の状況は脳内世界に

も影響しているんですね。ですから、家の中や自分の部屋が散らかっている人の脳内は、やっぱり散らかっているんです。職場でも、机の上が散らかっている人の仕事ぶりを見て、「ああ、脳内も散らかっているな」と思ったことがありませんか？ 以前の僕もそうでした。

そこで、ミニマリストという生き方を心がけるんです。ミニマリストとは足るを知り、必要最小限のモノだけに囲まれて生活する人のことです。

必要以上のモノであふれていると、必要なモノを探すにしても時間がかかってしまいます。人はモノを探すのに、1年間で平均15時間も費やしているといわれています。

「いやいや、どれも必要で捨てられないんだよね」と言い訳している人は要注意です。物事の必要性や重要性に優先順位が付けられなくなっていませんか？

そういう人は、何事にも優先順位が付けられなかったり、選択できなかったりしているかもしれません。

僕は必要最低限のモノしか持っていないので、探し物に時間を費やすことがありません。自分の限りある貴重な人生の時間を、探し物をするなんてくだらないことに絶対に使いたくないからです。ポイントは、1年使わなかったモノは処分する、1つモノを買ったら1つ何かを処分する、などマイルールを決めることです。

「さすがに過去に表彰された賞状やトロフィー、記念品などは取っておかないと……」と思っている人は、思い切ってそれらも捨ててしまいましょう。

大切だと思っているモノを最初に思い切って捨ててしまうことができれば、あとは苦労しないで捨てられるようになります。

そもそも、そんなもの、持っていたって何に使うんですか？　それらを持っているだけで年収が増えるのでしょうか？　これまで本書で挙げたスキルが勝手に身につくのでしょうか？

過去の栄光を象徴するようなモノは今すぐ捨ててしまいましょう。

今の自分とは関係ありません。

他人からの評価が形（モノ）になったことをよりどころにしていると、これからも表彰されないと頑張れない体質になってしまいます。

僕もユーチューブのチャンネル登録者が10万人を達成したときにユーチューブから「銀の盾」を頂きましたが、即行で捨てました。

多くのユーチューバーさんたちは「銀の盾」をもらうと、常に動画の背景に映るように飾っています。

しかし「銀の盾」や「チャンネル登録者」という他人の評価軸を自分自身の根拠にしていたら、次の根拠を求めて永久に他人の評価を気にし続けないといけません。

過去の栄光は、受け取った瞬間から過去なんです。

自分の自信に根拠はない！根拠はないけど、なんとなく自信がある！このような状態が最強だと思っています。

根拠となる過去の栄光は視界から消しましょう。

方法②：中級　情報を捨てる

中級は情報を捨てます。最初に取り掛かってほしいのがＳＮＳの断捨離です。

よく、「俺、テレビを見ているのは時間の無駄だと思ってテレビをつけないようにしたんだよね」と言っている意識高い系の人が、その浮いた時間にずっとスマホを見ていたりするんです。それでＳＮＳやＬＩＮＥにどっぷりと浸っている。

これは愚の骨頂です。

自分に必要な情報はこれだ、と決めたら、それ以外はノイズだと判断して必要以上にSNSを見ないようにします。

どうしてもSNSを見始めたらだらだらだら見てしまうという意志の弱い人には、SNS断捨離アプリの利用をおすすめします。1日の間でSNSを見ている時間が一定時間を超えると強制的にSNSを見られないようにするアプリです。断捨離アプリには次のようなものがあります。

スマホ依存対策タイマー「Detox」というアプリは触り過ぎると強制的にスマホをロックします。

「スマホをやめれば魚が育つ」というアプリは、スマホを触らなかったらその分だけアプリ上の魚が成長します。ゲーム感覚でデジタルデトックスができます。

「みん断・一日一捨」は、みんなで捨てたものを報告し合い、励まし合って、断捨離をすすめるアプリです。

まずはこのようなアプリの力を借りてみるのもよいでしょう。

方法③：上級　人脈を捨てる

上級は人脈を捨てます。

人脈はあればあるほどいい、と思っている人は多いでしょう。しかし、人に会うためには相当な時間を要します。人生の貴重な時間を使わなければなりません。ですから、会うべき人と会う必要のない人をしっかりと意識しなければなりませんし、あるいは実際に会う必要があるのか、それともメールやチャットなどの文字ベースでやり取りすれば済むのかも検討すべきです。

自分のブランド力を高めるための学習や読書、情報収集などは、基本的に一人の時間がなければできません。みんなで飲み屋に行ってワイワイガヤガヤしながらできるわけがありませんよね。

自分の人生を見つめ直して、今後どうすべきか、といったことは、一人きりの時間にしか考えられないんです。だから一人の時間はとても大切なんですね。貴重なんです。

従って、時間泥棒になりそうな人には、勇気を持って会わないと決める必要があります。実際、僕は基本的に人には会わないようにしています。

おかげ様でユーチューブを始めて多くのビジネスパーソン・経営者の方々に会いたいとご連絡をいただきます。ただ僕も時間に限りがあるので、この人と会わないといけないという理由がない限りは、丁重にお断りさせていただいています。

打ち合わせが必要であれば、できるだけオンラインで、さらに可能であれば時間を合わせる調整が不要なメールやチャットといった文字ベースでお願いしています。

また、僕は下戸だということもありますが、飲み会も可能な限り参加しません。たとえ参加したとしても、二次会には絶対に行きません。

身につける際の注意点

社会人にはお付き合いというものがあります。会社員であれば同僚や上司からの飲み会の誘いは断りにくいかもしれません。「同僚たちから付き合いが悪いな」と思われたくないし、「上司への付き合いが悪いと心証を悪くしたら昇給や昇格に響くかもしれない」などとも思うかもしれません。

しかし、同僚たちと飲みに行って会社や仕事の愚痴、上司の悪口を言い合っている時間はとてつもなく無駄な時間です。また、上司と飲みに行って過去の栄光や時代遅れの人生観を聞かされるのも迷惑です。

ここはきっぱりと断りましょう。飲み会への付き合いが悪いというだけで評判が悪くなったり評価が下がったりするような職場であれば、いずれは抜け出すことを考えておき、その時間を家族と過ごしたり、本書で紹介する19のスキルを高める時間に使った方がいいでしょう。

それに実のところ、飲み会をきっぱりと断っても、それほど弊害はありません。仕事さえちゃんとできれば、心配しているようなことは起きない可能性が高いと言えます。

もし起きてしまったら、そのような時代遅れの職場は脱出する計画を立てた方がいいかもしれません。

スキル17 習慣化力

スキルの定義　**スキルを身につけるためのスキル**

「習慣化力」とは、「やる」と決めたことを三日坊主にならずに、積み重ねていけるスキルです。

ここまで本書で紹介した未来のスキルだけでなく、どんなスキルを身につけるにしても、この習慣化力は必要です。

習慣化しないとやがてモチベーションが下がり、気がついたら、スキルを身につけよう！と思っていた頃の志など忘れてしまったという経験はありませんか？

未来に必要な理由

イチローのすごさに通ずる

必要な理由①：「未来に必要なスキル」を身につけるために必要なスキル

習慣化力は、これ自体が未来に必要なスキルということではなく、ここまで紹介した「未来に必要なスキル」を身につけるために必要なスキルという意味で重要です。

ここまで紹介したスキルは、いずれも一朝一夕で身につくわけではありません。どれも、コツコツと積み重ねていく必要があるんですね。つまりこれで終わり、とはなりません。

僕が人生の師として尊敬している人に、野球のイチローさんがいます。彼のすごいところは1年間に262本のヒットを打ったことではありません。

みんなこの262という数字にフォーカスしますが、僕が人生の心の師と仰ぐ理由はそこではありません。

10年連続200本安打を打ったことこそ、はるかにすごい価値があると思うんです。

1年間262本のヒットは偉大な記録ですが、それでもいつか誰かに書き換えられるかもしれません。しかし、10年連続200本安打の記録は永久に誰にも超えられないと思っている、いや、確信しています。

なんでこんなすごい記録が出せたのかと言うと、イチローさんはけがをしない選手だったからです。

他の選手たちは一通りの柔軟運動を終えるとキャッチボールなどの野球の練習に入ります。しかし、イチロー選手だけはまだひたすら柔軟運動を続けます。筋肉が肉離れしないようにと念入りに柔軟運動を続けます。

その結果、他の選手たちは、例えば外野手がフェンスに激突しながらもファインプレーをして手首を骨折してしまった、などというけがをしてしまうことがあります。

好プレーだし、ガッツがあって感動した！とファンは喜びますが、監督はたまったものではありません。アウト1つと交換に、選手に長期離脱されたら全然割に合わないんです。

しかし、イチロー選手はあれだけのファインプレーをしながらもけがをしませんでした。それは、彼は試合前に自分のポジションにどんな打球が来たときにどうやってフェンスの反動を利用してジャンプするか、などと様々な可能性について綿密にシミュレーションを重ねているからです。

どのように滑り込んだらけがをしないか、どのようにジャンプしたら安全にボールをキャッチできるかを想定して準備万端で試合に臨んでいるんです。

つまり、イチロー選手は、異常なまでに長い柔軟運動に始まり、自分が球場でけがをしない準備を行うことを習慣化しているんですね。その結果、他の選手なら取れないだろうという打球も余裕でキャッチしているように見えるんです。だから余裕に見えるから好プレーとは評価されません。(笑)

イチロー選手の巧みなプレーは習慣化の賜物といえます。

イチローさん自身、次のように語っています。

「努力せずに何かできるようになる人のことを『天才』というのなら、僕はそうじゃない。努力した結果、何かができるようになる人のことを『天才』というのなら、僕はそうだと思う。人が僕のことを、努力もせずに活躍している打てると思うなら、それは間違いです」

必要な理由②：消えていったブロガーやユーチューバーたち

イチローさんの名言の後に僕のことを語るのは恐れ多いのですが、「継続は力なり」ということでは、僕がブログに2000記事を投稿した例をお話しさせてください。

15年ほど前にブログのブームがありました。ウェブ業界でも、ブログの記事はたくさん投稿するほどアクセス数が伸びることに注目されました。

そこで僕もブログを立ち上げて何年間か投稿し続けて、2000記事を達成したんです。毎日書くことを習慣化させ数年間続けた結果でした。

その結果、どんなふうに書いたらアクセス数が伸びて、どんなふうに書いたら読者が離れるかということを体験として理解できました。

しかし、同じ頃にブログを始めたほとんどの人がすぐにやめてしまいました。投稿を継続することでアクセス数が伸びることが分かっているにもかかわらずです。

ユーチューブも同様です。本書を執筆している現在、僕のチャンネル登録者は14万人以上ですが、これも投稿することをやめなかったから達成できた結果です。

「僕の周りにも、友村にもできるなら俺にも！」って始める人はたくさんいます。ただし、数カ月、中には1カ月以内にやめてしまいます。習慣化できないのです。

ネットに限らずビジネスの世界で成功する秘訣は、「成功するまでやめないこと」なんですね。ですから、ネットビジネスで成功した人たちの多くが、「僕は諦めが悪いんですよね」などと少しちゃかした言い方をします。しかしこれは、習慣化によって結果を出せたことを示しているんです。

「今の自分を作っている4割は習慣」だそうです。良い習慣を身につければ仕事もうまくいきますが、悪い習慣を身につければ、仕事どころか健康まで害してしまう。

だから素晴らしい人生を決めるのは習慣化力がすべてだと言っても過言ではないと思

います。

本書の「読書力」の節で、「人が1日に、ほんの1％でも成長することを続けていたら、1年後には37・8倍の効果が出ている」というお話をしました。これこそがまさに、習慣化力の効果ですね。

身につける方法　ハードルを下げて、自分を褒めちぎる

習慣化力を身につける方法は2つあります。

方法①：準備を減らす

1つ目は、習慣化したいことを実行するための準備を減らすことです。つまり実行するまでの手間をなくすことですね。実行へのハードルを下げるんです。

面倒くささは習慣化の最も大きな障害です。食後に歯を磨くくらいの簡単さで実行に移れることが理想です。

例えばダイエットのためにトレーニングジムでトレーニングすることを習慣化しようと思っても、トレーニングをするという本来の目的のためには、

- 受付を済ませてロッカーで着替える。
- ジムに向けて電車に乗る、自転車に乗る。
- 着替える、身なりを整える、お化粧をする。

などの手間があります。これらを終わらせて、やっとトレーニングができます。またトレーニング器具が混み合っていたら順番待ちです。さらにトレーニング後もロッカーで着替える、受付で帰りの手続きをする、電車や自転車で帰るという手間が待っています。

このように面倒な手続きがあると、習慣化することが難しくなります。

それよりは、好きな時間にいつも使っている自宅のパソコンを使ってオンラインヨガを始めるのもいいですね。または、1時間仕事をしたら、5分間その場の床で腹筋と腕立て伏せをし、10分休憩、また仕事を始めるというルールをつくってもいいでしょう。お金も手間もゼロですね。

同様に、英会話の勉強をするために、教材をそろえてカバンに入れて、身なりを整えて化粧して、バス停まで歩いてバスに乗り――などと準備に手間がかかるようですと、やはり習慣化できません。

オンライン英会話ならｉＰａｄを起動すればすぐ始められるので準備の手間が少なく、習慣化しやすくなります。

習慣化したいことが煩雑で面倒な手続きを必要とすると、日常生活の中に嫌なルーティンワークが埋め込まれてしまい、習慣化が苦行になってしまいます。その結果、ＱＯＬ（生活の質）が下がってしまいます。

方法②：小さなゴールを設定し、達成したら褒める

２つ目は、習慣化するまでにいくつかの小さなゴールを設定して、それらを達成するたびに自分のことを褒めまくる方法です。

例えばオンラインの英会話教室で英会話の学習を行うことを習慣化するときに、まずオンライン英会話教室の申し込みボタンをクリックしたら、「おお、今、私は人生を変える大いなる一歩を踏み出したぞ！」と自分を大げさに褒めまくるんです。

まだレッスンを受け始めたわけでもないのに、「私の行動力に乾杯！」って、もうその日はお祝いに大好きなモノを食べに行きましょう！

そしてレッスンを１週間続けたら、また、「英会話のレッスンを１週間も続けられた僕は偉い！」と褒めて、自分へのご褒美として見たかった映画を見に行ったりする。

自分の機嫌は自分で取る、ということです。誰も褒めてくれませんからね。自分で褒めるんです。

このように、どんなことも習慣化するまでに細かなステップを見いだして、1ステップでも進んだら自分を褒める。

これを繰り返していると、自己肯定感が高くなるというおまけも付いてきます。

ここで習慣化力をつける参考本として、クリエーティブディレクターで習慣化エバンジェリストの川下和彦さんの『ざんねんな努力』（アスコム）を推薦します。人がなぜ習慣化できないのかが、とても分かりやすく解説されています。

ぜひ、読んでみてください。

身につける際の注意点

習慣化力を身につける際に注意したいのは、目標を高くし過ぎないこと、１００％を目指さないことです。

意識高い系の本やウェブサイトなどに、目標はどうせ達成できないのだから、最初から本来の目標の2～5倍に設定した方がいいと書かれていることがあります。中には10倍に設定した方がいいと書いてある場合もあります。

例えば売り上げ１００万円を達成したいのなら、最初から１００万円を目標にしてしまうと7割の70万円しか達成できないから、最初から１５０万円を目標に設定しておけば、７割弱で１００万円を達成できるだろうという考え方ですね。

僕は、この考え方には賛同できません。あまりに高い目標を設定してしまうと最初から「どうせ無理」と心が折れやすくなってしまいますし、途中できつくなってしまうからです。

このような高い目標設定は、最初からずば抜けた行動力を持っていることが前提です。

僕たちのような一般人には、むしろクリアしやすい小さな目標を積み重ねていくベイビーステップ方式が適しています。現在70万円の売り上げしか達成できないのであれば、次は71万円を目指そう。それがクリアできたら72万円を目指そうというスタイルが適しています。

もちろん、小さな目標でも達成できたら、自分を褒めることを忘れないようにしましょう。

スキル18

逃げ出す力

ハンガリーのことわざと同じ意味

スキルの定義

逃げるは恥だが役に立つ?

星野源さんと新垣結衣さんが共演したTBS系テレビドラマ『逃げるは恥だが役に立つ』がヒットしたことで、「逃げるは恥だが役に立つ」が実はハンガリーのことわざだということも知られるようになりました。

ハンガリーのことわざとしての意味は、「自分の得意なことが生かせるところへ行けるのなら、今いるところから逃げ出した方がいい。自分の活躍の場を選ぶべきだ」といった意味だそうです。

本書で取り上げる「逃げ出す力」の定義も同様です。

すなわち、自分が置かれている環境で「自分の長所が生かせない」、しかしながら「環境を改善する権限が自分にはない」、という2つの条件がそろったら、思い切ってその環境から逃げ出すスキルです。

未来に必要な理由　選択肢は無数にある

必要な理由①：自分の努力では変えられない環境なら

本書をここまで読み続けてこられたあなたであれば、「よっしゃ、これらのスキルを身につけて未来を切り開くぞ！」と意気込まれているかもしれません。モチベーションの高さも申し分ないでしょう。

しかし、ここまで学んできたスキルを一度に実践しようとすると、必ず精神的に疲れてしまいます。場合によってはメンタルが病んでしまうかもしれません。

しかも、「自己責任力」のところでは、何事も他人や社会のせいにしないで、自分に原因があると捉えて頑張りましょう、とお話ししました。

とはいえ、何事にも限界があります。

もし、今起きている状況や置かれている環境が自分の努力では変えることができない、しかもその状況や環境下では自分の長所が生かせないと判断できたら、すぐさまそこから逃げ出してください。

今いるところに踏みとどまって頑張るか、それとも新天地を求めて逃げ出すかを判断するバランスには注意が必要です。あまり頻繁に逃げ出してしまうと、逃げ癖がついてしまい、それは結局、責任を自分以外に求めてしまうことになるからです。

しかし、現在の職場環境が悪い、人間関係も最悪で成長どころではない、もう嫌過ぎてどうしようもないと思ったときは、追い詰められてしまう前に、有給休暇を取得してしばらくその環境から逃げてみるか、それでも駄目なら異動希望を出したり退職願を出したりすることを検討してみるべきです。

職場に限りません。プライベートにおいても住んでいる場所の環境が悪ければ引っ越せばいいですし、日本に居ること自体が嫌になったのなら、外国に逃げ出してもいいんです。

選択肢は無数にあることを知っているだけでもメンタルを正常に保てます。

必要な理由②：年長者の慣用句を真に受けない

特に若いビジネスパーソンに注意してほしいのは、「最近の若いやつは根性がないな」などと言うおじさんたちに惑わされる必要はないということです。

年長者のこのセリフは、おじさんたちに代々引き継がれてきた伝統的な慣用句です。なにしろ、紀元前のピラミッド内に残された象形文字にさえ「最近の若いもんは……」といった言葉が記されているという説もあるくらいですから。(笑)

つまり、おじさんたちというのは、若い世代に文句を言わずにいられない生き物だということです。この人たちの言葉を真に受ける必要はありませんね。

また、似たような言葉に、「ここで駄目なやつは、どこに行っても通用しないからな!」という言葉があります。

これ、ブラック企業が社員を辞めさせないために引き止める際の決めゼリフです。

この言葉もまた、全く気にする必要はありません。環境が変わることで花開いた人の事例などいくらでもありますから。

身につける方法

あなたはそれほど重要な仕事をしていない

逃げ出す力を身につけるには、方法などありません。どちらかというと勇気の話です。

勇気を出すことにテクニックはありません。ただ、場数を踏むと勇気を出しやすくなることや、小さな決断を積み重ねていくことで勇気が出しやすくなる傾向はあると思います。

そこで、勇気を出していただくための僕からのアドバイスを3つお話しします。

方法①：「逃げても大丈夫」と理解する

1つ目は、誤解を恐れずに言うと、「あなたはそれほど重要な仕事をしていない」ということです。だから逃げても大丈夫なんです。

「私の仕事ぶりを見たことがないのに、なんでそんなことを言えるのか?」と思われたかもしれません。なぜ言えるかと言われても、僕も含めほとんどの人は大した人間じゃないんだからとしか言えません。(笑)

特に会社員の皆さんは、勝手に責任を背負い込んでいます。自分がいなくなったら上司や先輩、同僚たち、取引先に迷惑を掛けてしまうとか、仕事が止まってしまうとか——。

はっきり言って、そんなのうぬぼれなんですね。僕も含めて人は一人では、それほど大した仕事はできません。イーロン・マスクさんや孫正義さんみたいな人は例外として、僕たち一般人が一人でできる仕事なんてたかが知れているんです。

実際、病気やけがで長期間休むことになっても、会社の仕事はいつも通り回ります。部長や課長などの責任ある役職が就いている人がいなくなったって、同じです。会社が傾くどころか、仕事も全く止まりません。結局残りのメンバーがなんとかしてくれるんです。つまりなんとかなる程度の仕事しかあなたはしていないということですね。(笑)

ですから、安心してその場から逃げ出してもいいんです。もっと自分の長所や得意なことが生かせる、あるいは楽しく働ける場所に逃げてください。

方法②：都会を離れる

２つ目は、もしあなたが都会で暮らしていて疲れているのなら、思い切って都会を出てみてはどうでしょう。

まぁ、これは僕の偏見ですが、都会では白いチノパンをはいてポロシャツの襟を立て、何かというとマックブック片手にカフェで打ち合わせをしたがるような暑苦しい意識高い系の人たちがワンサカいます。

そしてこのような人たちには、やたらと収入や会社の年商で自分をブランディングしようとする人たちも多いんですよね。もう、かなりうっとうしい。

満員電車に日々揺られながら、無理してこのような人たちに付き合う必要はありません。住む場所を変えてしまえばいいんです。知らない場所や故郷でも構いません。意識高い系の暑苦しい説教を聞かなくてもよくなります。

収入が減ったとしても、生活費も下がればかえって暮らしやすいかもしれません。

この2つ目に関しては、有名ブロガーであるイケダハヤトさんの『まだ東京で消耗してるの？ 環境を変えるだけで人生はうまくいく』（幻冬舎）が参考になります。

方法③：先輩・上司のアドバイスに注意する

そして3つ目は、「苦労してこそ成長できるんだ」とか、「ここで駄目なやつは他でも駄目だ」といったアドバイスをしてくる先輩や上司には注意しましょうということです。

このような人たちは、「仕事というのはつらいもんだ、楽しいことは趣味でやれ」などといった前時代的な考えに凝り固まっています。ずばり思考停止状態にあるんですね。

あるいは、自分たちが苦労してきたから、道連れが欲しいだけの人たちもいます。冗談じゃありません。

このようなアドバイスをしてくる上司や先輩がいたら、想像してみてください。そんな職場で頑張り続けた場合の自分の将来の姿が、目の前のその人たちなんです。やがてミイラ取りがミイラになり、自分がその年齢になると、若い世代に同じアドバイスを強要しているかもしれません。

アドバイスを受けたときに素直に聞き入れるかどうかは、自分も将来その人たちのようになりたいかどうかで判断すればいいんです。

もし、「冗談じゃない」と思ったら、すぐに逃げ出しましょう。

身につける際の注意点

「今の最悪な環境から逃げる」という選択をするときに注意してほしいことがあります。

それは「逃げる」ことに対する自分の感情のコントロールです。

決して、逃げる自分はメンタルが弱いんだとネガティブにならないでほしいと思っています。

ヨシダナギさんの『しれっと逃げ出すための本。』（ＰＨＰ研究所）にも書いていますが、「逃げる」という言葉をネガティブに捉えるのは絶対にやめましょう。ここではないどこかに向かう行動であり、今の状況を変えるという変化だから、「逃げる」はポジティブワードとして捉えるべきです。

彼女は、嫌なことから人生逃げ続け、最後に残ったカメラマンという仕事が自分に合っていると気づき、今を幸せに生きている人です。その本の巻末の「これからも私は前向きに逃げ続ける」という言葉はとっても心に響きます。

スキル19

ウェルビーイング

本書で取り上げた
スキルの中で
最も重要

スキルの定義　**持続的な幸福感を得る力**

「ウェルビーイング」とは、常に幸福を感じる状態にあることです。

ハッピーが一時的な幸福を感じている状態であるのに対し、ウェルビーイングは生きているだけで持続的に幸福を感じられる状態です。

最後に紹介するこのウェルビーイングは、本書で最も重視しているスキルです。

未来に必要な理由

これがなければ、いつまでも渇望感が満たされない

必要な理由①：テクノロジーがもたらす格差でうつになる人々

本書ではここまで18のスキルを紹介してきましたが、ウェルビーイングはこれら18のスキルを合計してもかなわないほどに重要なスキルです。

２０３０年に人類を最も死に至らしめる病気は「うつ病」だと、ＷＨＯが予測していることは既にお話ししました。改めてとんでもない予想だと思います。

現在、世界の死因の上位は感染症や、汚水を飲むことによる下痢や腹痛によるものですが、これらの理由よりも精神疾患が上位に上がってくるというのです。

しかし、あながち的外れな予想とも言えません。というのも、ＣｈａｔＧＰＴをはじめとする生成ＡＩが登場し、特にホワイトカラーを中心とした人類の仕事がテクノロ

ジーに代替され始めています。

すると、テクノロジーを駆使して裕福になる人たちと、テクノロジーに仕事を追われて貧しくなる人の格差が広がっていきます。

人類はここまで先進国を中心に、一生懸命「仕事」を通して、文明を発展させてきました。世の中はおかげでどんどん便利になりました。2000年前の人類が現代にタイムスリップしたらあまりの便利さに驚愕《きょうがく》するでしょう。いや2000年どころか100年前の人類が来ても同様でしょう。

では、テレビも飛行機も自動車も、いやいや電気や水道さえない昔の人々より、現代の我々の方が幸福感は高いと断言できるでしょうか。

大昔のある人は、土とワラで頑張って造った家に入り、「これで雨風が防げる！屋根があるってなんて幸せなんだ！」と幸せたっぷりだったかもしれません。しかし現代は、

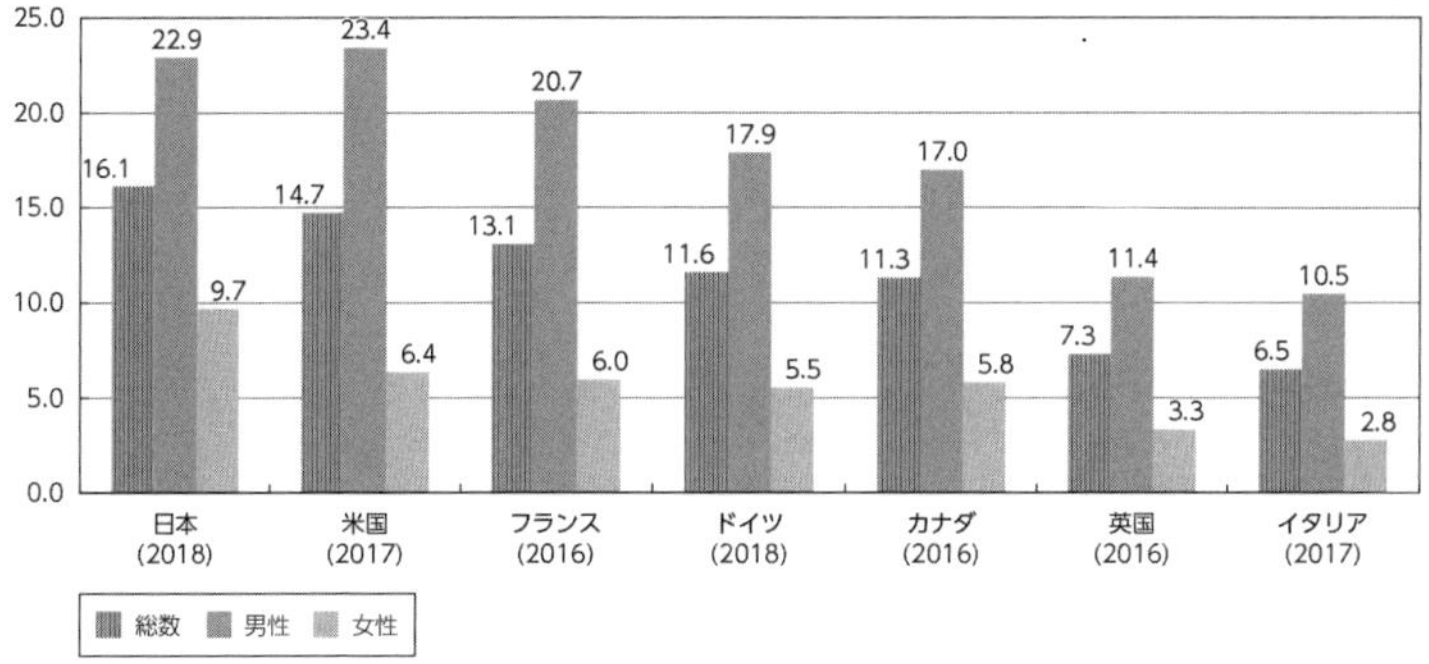

注）アメリカ・カナダの人口は世界保健機関資料より最新データが得られなかったため、最新の死亡データに合わせて両国の国勢調査データを利用した。

資料：世界保健機関資料（2021年4月）より厚生労働省自殺対策推進室作成

図表11　先進国の自殺死亡率

出所：厚生労働省『令和3年版自殺対策白書』(https://www.mhlw.go.jp/content/r3h-1-1-10.pdf)

新築の家の床にビー玉を置いて、「ほら！ビー玉が転がった！ちょっとだけ床が傾いている！欠陥住宅だ！」と騒ぎ立てます。

大昔の屋根があるだけで幸福を感じていた人類がこの光景を見たらどう思うでしょう。

WHOの資料（2021年4月）を基に厚生労働省自殺対策推進室が作成した資料によると、日本は先進国（G7）で最も自殺死亡率が高い国なんですね。男女合わせて16・1%ですから、約6人に1人が自殺しています。しかも男女別では男性が22・9%で女性が9・7%ですから、男性は女性の2倍以上自殺しているんです（**図表11**）。

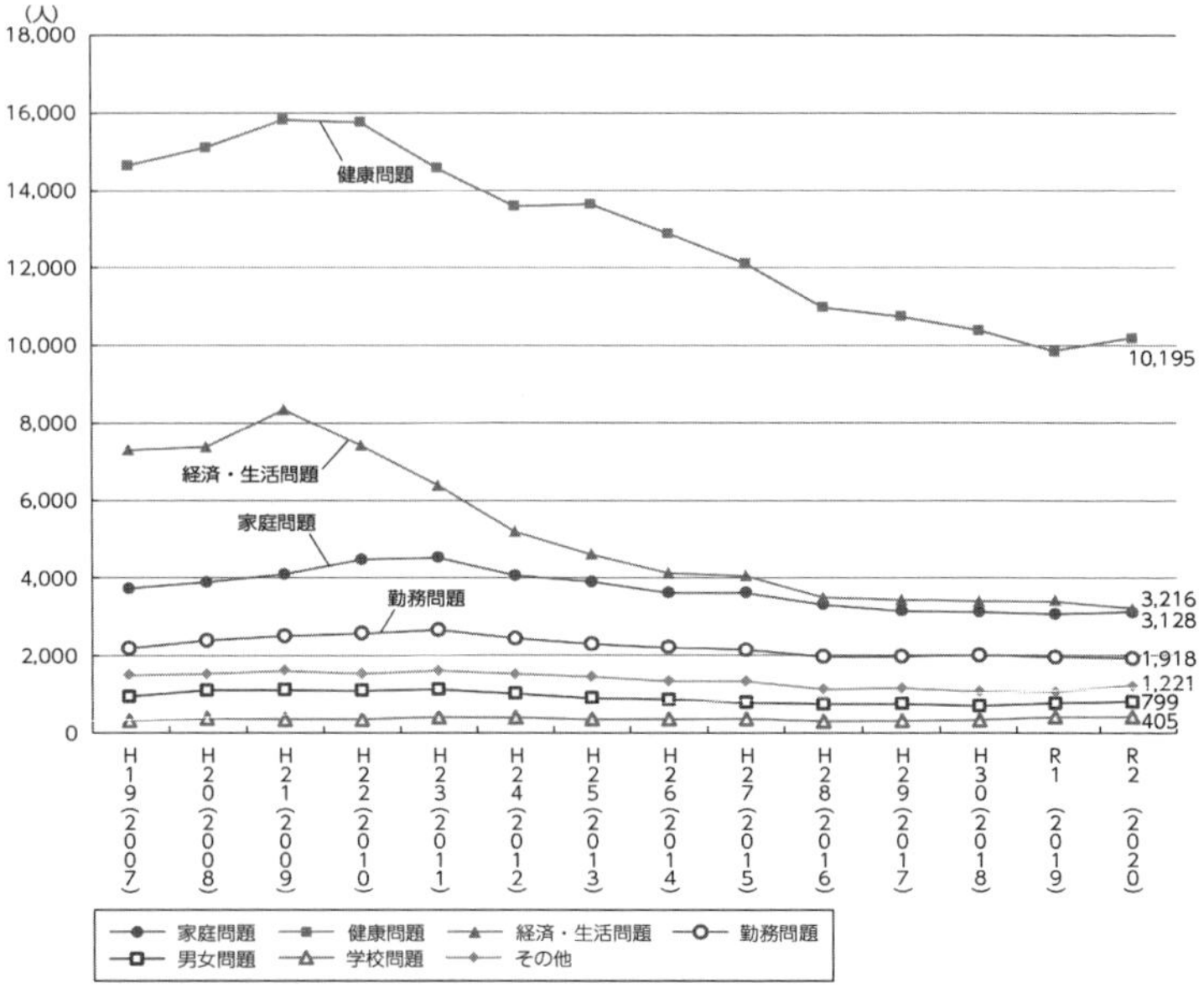

注）遺書等の自殺を裏付ける資料により明らかに推定できる原因・動機を自殺者一人につき３つまで計上可能としているため、原因・動機特定者の原因・動機別の和と原因・動機特定者数（令和２年は15,127人）とは一致しない。

資料：警察庁「自殺統計」より厚生労働省自殺対策推進室作成

図表12　平成19年以降の原因・動機別の自殺者数の推移

出所：厚生労働省『令和３年版自殺対策白書』（https://www.mhlw.go.jp/content/r3h-1-1-05.pdf#page=2）

警察庁の「自殺統計」を基に厚生労働省自殺対策推進室が作成した資料を見ると、原因・動機別ではトップが健康問題で、次が経済・生活問題です（**図表12**）。

全体の自殺者数が減少傾向にあることは救いですが、健康面や経済面で自殺する人が多いということは、ウェルビーイングな状態ではないことを示しているとも推測できます。

従って、今後テクノロジーにより格差が広がっていく中で、よりウェルビーイングを意識する必要があります。

必要な理由②：漠然としたスキルアップは渇望感をもたらす

ここで考えてほしいことがあります。

あなたはなぜ、本書を手に取ったのでしょうか？

ビジネススキルを高めたいから！という人は多いでしょう。

ではさらに深掘りします。それではなぜ、ビジネススキルを高めたいのでしょうか？

誰かに認めてほしいのでしょうか、それとも年収を増やしたいのでしょうか。あるいはより楽しくてやりがいのある仕事に就くためでしょうか。

もし、明確な理由がないまま漠然とスキルアップの努力を続けていく生き方をしているのなら、いつまでも渇望感が満たされないでしょう。

大切なことは、今、この瞬間に、生きていることに幸せを感じられることです。

そのためにウェルビーイングな状態で過ごすことを意識しないと、これまで紹介した18のスキルをすべて身につけたとしても、いつまでたっても「もっとスキルを磨かなければ」「もっと成長しなければ」「もっと年収を増やさなければ」と不安な状態から脱することができません。

走り続けなければ不安ですし、頑張り続けなければ不安になってしまいます。

企業においても、ウェルビーイング経営を意識することが重要です。

厚生労働省委託事業で三菱ＵＦＪリサーチ＆コンサルティングが調査したところによると、調査時より10年前に比べて従業員数・売上高共に増加傾向の割合が高いのは、従業員と顧客の満足度を重視した企業だったんです※。

※三菱ＵＦＪリサーチ＆コンサルティング（厚生労働省委託事業）『今後の雇用政策の実施に向けた現状分析に関する調査研究事業報告書～企業の雇用管理の経営への効果～平成28年３月』（https://www.mhlw.go.jp/file/04-Houdouhappyou-11602000-Shokugyouanteikyoku-Koyouseisakuka/0000128000.pdf#page=31）

この結果を経営側の立場の人は、ぜひとも覚えておいてほしいと思います。

身につける方法　自分を褒めて、信頼できる仲間をつくる

ウェルビーイングな状態を保つ方法は、幸せの定義によって人それぞれですが、僕がお薦めする方法が３つあります。

方法①：「お一人様ウェルビーイングデー」を設ける

1つは、週に1日だけでいいので、「お一人様ウェルビーイングデー」を設けることです。「お一人様ウェルビーイングデー」とは、1週間頑張った自分を褒めまくる日です。

僕は毎週水曜日を「お一人様ウェルビーイングデー」にしています。この日はお客様との窓口を閉じて一人になる時間をつくっているんです。

土日や祝日の休みとは違います。土日や祝日は仕事を休んで家族と過ごしたり、遊びに行ったりすることに使っています。しかし「お一人様ウェルビーイングデー」は一人の時間を過ごしているんです。

そして、1週間頑張った自分を褒めまくっています。また、「この1週間は大好きな仕事だけ受けて、嫌いな仕事を受けることはなかったか」「悔いのない1週間だったか」と、1週間の過ごし方の棚卸しもしています。

自宅で過ごすこともありますし、大好きなスーパー銭湯で湯に漬かりながら考えたり、お気に入りのカフェでぼーっとしながら考えたりしています。

そして、「このような時間を保つことができている僕って幸せだなぁ」「今度はこんな新しい仕事を始めてみよう、ワクワクするなぁ」と感じることでウェルビーイングな状態を保っているんです。

このような過ごし方をすることはとても大切ですので、「お一人様ウェルビーイングデー」には他の予定が入らないように死守しています。

『ポジティブの教科書 ― 自分も周りの人も幸運体質になる3つの基本と11の法則』（主婦の友社）という本を書いた書道家の武田双雲さんが、うつ病の人が増えている原因について「戻る場所がないから」と言っていました。

ここでいう戻る場所とは物理的な空間のことではなく、自分が「生きているだけで幸せ」とマインドセットする場面のことです。

方法②：足るを知る

人間の幸福について研究しているハーバード大学のアーサー・ブルックス教授が幸福を分かりやすい公式で表していました。

$$\frac{\text{手に入れたモノ}}{\text{欲しいモノ}} = \text{幸福}$$

この公式を知ったとき、感動しました。なんとシンプルで美しい公式でしょう！

ここでいうモノは物質だけに限らず、地位や名誉・仲間などあらゆるものが含まれます。

この公式が示していることは、幸福になる方法は、分子を増やすか、分母を減らすかという二択しかないことです。

そこで、なるほど分子を増やせばいいんだ！と思ってはいけません。分子を増やすのは大変だからです。手に入れるために膨大な作業を必要とします。

では分母を減らすのは大変でしょうか？そんなことありません。これには作業は必要なく、自分の脳みそだけで解決してしまうからです。

2000人以上の終末期医療患者と濃厚な時間を過ごしてきた大津秀一先生は著書『死ぬときにはじめて気づく人生で大切なこと33』（幻冬舎）の中で、人と比較しながら欲しいモノ（分母）を増やし続けたある患者の後悔をリアルにつづっています。人間が死を前にするといったい何に後悔するのかという人生で大切なことを教えてくれるお薦めの一冊です。

ことわざに「足るを知る」という言葉があります。

あなたが今欲しいと思っているモノは本当に必要でしょうか？それがないと幸せにはなれないのでしょうか？いま一度じっくり考えてみましょう。

方法③：信頼できる友人や家族に囲まれて過ごす

３つ目は、信頼できる友人や家族に囲まれて過ごすことです。信頼できる人は多い必要はありません。少なくてもいいいんです。

精神科医のロバート・ウォールディンガーさんは、ＴＥＤで『幸せの正体』というテーマで語っています。

彼の組織は、75年間７２４人の男性を追跡し、休むことなく、仕事や家庭生活、健康などを記録してきました。お金持ちの人や貧しい人、育ちの良い人やスラム街で育った人など様々な境遇の人たちの人生を追跡調査しているんです。そして、どんな人がウェルビーイングな人になるのかをＴＥＤで詳しく語っています。

彼が言うには、幸せを決める要素は、環境や学歴、地位、経済力などではなかったんですね。ウェルビーイングな人たちの共通点は、大好きな家族や信頼できる仲間に囲まれているかどうかだけだったんです。

ですから、ウェルビーイングな状態でいるためには、信頼できる友人や家族を持つことです。

彼は付け加えて言いますが、勘違いしてはいけないのは孤独でなければいい、というものではありません。いつもいがみ合いをする家族や会社組織だってあります。確かに孤独ではないかもしれませんが、これでは幸せにはなれませんよね。大好きな家族や信頼できる仲間が大事なんです。

身につける際の注意点

ここで注意点が2つあります。

1つは、ドーパミン的幸福感ばかりを追求しないことです。

樺沢紫苑さんの『精神科医が見つけた 3つの幸福 最新科学から最高の人生をつくる方法』（飛鳥新社）によると、幸福にはドーパミン的幸福とオキシトシン的幸福、セロトニン的幸福があるといいます。

ドーパミン的幸福は一時的な快楽のような幸福感で、仕事で一山当てるとか、営業で新規契約が取れたりとか、あるいは宝くじが当たったりしたときに感じます。

ですから、ドーパミン的幸福は、どちらかというとモチベーションを維持するための幸福感ですね。スキルアップのためにも必要な幸福感です。

しかしウェルビーイングを目指すのであれば、生きているだけで毎日が幸せに感じられるセロトニン的幸福を獲得しなければなりません。

2つ目は、「もっと成長して社会に貢献すべきだ」とか「もっとスキルを身につけて社会に役立つべき」「お金に余裕があるなら寄付すべき」といった言葉に惑わされないことです。

このような言葉を口にするのは、いわゆる意識高い系の人たちですね。僕はこのような人たちが嫌いです。

今よりもっと社会に貢献したいとか役立ちたいというのは、そう思っている人が勝手に実践すればいいことで、他人に押し付ける考え方ではありません。そのような考え方を押し付けることは、相手を追い詰めることになるんです。

だから他人に「もっともっと社会に貢献すべきだ！」と押し付けられるいわれはありません。

せっかく生きているだけでウェルビーイングな状態になっている人に、そのようにけしかけることで、ウェルビーイングな状態から引きずり落とすことになります。

余計なお世話なんですよ。

そもそも僕たちは働いて収入を得ている時点で税金や社会保障費を払っているんですから、立派に社会に貢献しているんです。そして働いていない人だってそうです。誰かと会話するだけで、会話相手の孤独を癒やしているし、コンビニエンスストアで買い物をすればその店の売り上げに貢献しています。こうやって考えると、人は、今ここに存在するだけで何らかの形で社会に貢献しています。

ですから、せっかくウェルビーイングな状態になっている人やウェルビーイングな状態に近づいている人は、これらの社会の役に立たなくちゃ病の人たちの言葉に惑わされないようにしてください。

もし、今以上に社会に貢献したいのであれば、ボランティアや寄付など自分ができる範囲で無理なく貢献すればいいんです。

例えば僕のように一人社長・フリーランスとして仕事をしていると、年配経営者の方々から次のようによく言われます。

「友村くんね、もっと会社を大きくして雇用を生み出し、もっと地域に貢献していかにゃぁいけんね。頑張りんさい！」

大きなお世話です。これは彼ら年配経営者の方々の古臭い理想なんですね。それを僕に押し付けてくるんです。

僕は一人で、大げさに言えば孤独と戦いながら様々な勉強や体験をしながら深めた知見を、ユーチューブを通じて日本中の不特定多数の人たちに伝えています。

その結果、コメント欄には「動画を見たおかげで転職する勇気が出ました」「動画で紹介されていたアイデアを実践したら会社の売り上げが増えました」「動画を見て子育てのストレスが軽くなりました」「娘に学校をサボらせて一緒に海を見に行って、親子の絆が強まりました」など、たくさんの感謝の言葉を頂いているんです。

堂々と自慢させてもらいますが、中には「ユーチューブで涙が出たのは初めてです。

心が救われました」という類いのコメントも1つや2つではありません。

ですから、僕には、会社を大きくして雇用を増やすことをしなくても、十分に社会に貢献できているという自負があります。

もちろん、雇用を生み出すことも立派な社会貢献ですが、少しでも会社を大きくして地域の雇用を生み出そう、という考えだけが社長の社会貢献ではありません。

社会貢献の仕方など、人の数だけ、仕事の数だけあるはずです。

これだけ世の中が多様性に満ちていく中で、社会貢献の形だけは変わらないなんてそんなバカな話はありません。

ですから自分がウェルビーイングな状態にあるときは、既に何らかの形で社会に貢献できているんだと信じてください。

そしてそのウェルビーイングな状態で、もしも、もっと社会に貢献したい！と心から思えたらウェルビーイングな状態を死守しながらできる範囲でやってみてはいかがでしょうか。

あとがき

ここまでお読みいただきありがとうございます。

いかがでしたか？

テクノロジーがどれほど進化しても人に必要とされるスキルがあります。それはプログラミングなどのＩＴスキルよりも、より人間臭いスキルであることに気づいていただけたと思います。

ですから、僕たちはテクノロジーに対していたずらに敵対心や恐怖を抱くのではなく、むしろ身近なテクノロジーに触れ、主従関係であり共存関係である味方だと理解したら、テクノロジーに対する漠然とした不安もなくなったと思います。

大切なことは、その漠然とした不安にあおられるままに様々な資格に手を出したり、リカレント教育やリスキリングなどの流行商売に踊らされたりしないことです。あれこれと手を出してお金と時間を投資した結果、手にしたスキルがいずれもテクノロジーで代替可能になってしまったという残念な結果になってしまうかもしれません。

つまり、漠然とした不安の原因であるテクノロジーを知らないことが、最もリスキーなんです。テクノロジーの優れた特性を受け入れて共存する道を考えれば、僕たちが目指すべき方向が見えてきます。

ところで「まえがき」でもお話ししましたが、本書で紹介したすべてのスキルを一度に身につけようと焦らないでください。気に入ったスキルから、あるいはできそうなスキルから実践しながら身につけていってください。

そして、5つのスキルを身につけることを目指してください。そうすれば、2030年以降もビジネスパーソンとして生き残り、成長を続けることができるでしょう。

――そうか、よし、やるぞ！

ちょっと持ってください。

ここでクリティカルシンキングです

ここで早速、本書のスキル13として紹介したクリティカルシンキングを発揮してほしいんです。

つまり、本書に書いている19のスキルと、このあとで案内する1つのシークレットスキルは、本当に自分にとって最適なスキルだろうか、と一旦立ち止まってみましょう。

もちろん、僕は「これこそ2030年以降の未来にも通用するスキルだ。あなたのお役に立てる内容だ！」と確信を持って本書を執筆しました。

しかしここからは、あなたが本書に書かれたスキルを吟味してほしいのです。書かれたスキルの必要性や有効性の根拠は納得できるものか、本書に登場しなかったが、他にももっと大切なスキルがあるのではないか——など、ご自身で考えてほしいのです。

そして十分に納得できたならば、躊躇せずに実践してください。その上で、最終的には本書で最も大切だとしたウェルビーイングな状態を目指してほしいと思います。

宇宙スケールの視点を持つ

ここで少し、僕の会社の話をさせてください。

僕の会社の社名は「株式会社ミジンコ」です。おかしな社名ですよね。お話ししたいのは、この社名の由来です。

あるとき、僕は仕事のことで悩んでいて、その悩みを妹に話したんです。すると妹は同情したり元気付けたりしてくれるどころか、次のように言いました。

「お兄ちゃんはそんなくだらんことで悩みよん？　ホンマに器のちっちゃいミジンコ程度の生き物じゃね、相変わらず」

今思い出すと、随分とひどい言われようです。（笑）

しかし「地球カレンダー」を知っていた僕には、褒め言葉に聞こえたんです。

あなたは「地球カレンダー」を知っていますか？

地球の歴史を1年間に当てはめたカレンダーです。地球が誕生した日が元日で、現在が大晦日です。

「二十一世紀の歩き方大研究」というホームページによると、最初に原始生命が誕生したのが2月25日で、恐竜が誕生したのが12月13日、恐竜が絶滅したのが12月26日。なんか切ないですね。恐竜でもたったの13日なんです。

そして僕たち人類が誕生したのは、大晦日の午後11時37分。つい、さっきですよ。なんと23分前！

さらに、地球カレンダー上では僕たち人間の一生はわずか0・5秒でしかありません。もう、刹那ですね。

いかがですか？

僕が本書の「逃げ出す力」の節で、あなたも僕も大した人間じゃないし大した仕事はできないと言った理由はここなんです。

宇宙規模の視点で見れば、人間とミジンコの寿命の差など誤差レベルだと思えたんです。

僕たちの人生なんて地球の歴史、宇宙の歴史から見たら、ほんの一瞬の火花です。

そう考えたらクヨクヨ悩んでいると、人生の時間がもったいないと思いませんか？

どうせ僕たち人類もミジンコ程度の生き物で、一瞬の命なんだから、周りの目なんか気にせず好きな人生を歩もう！そう自戒の念を込めたのが社名の由来です。

時にはメンタルのマッサージも必要

さて、最後に1冊の本を紹介してあとがきを終えたいと思います。

それは、人工知能研究者で脳科学コメンテーターである黒川伊保子さんの『前向きに生きるなんてばかばかしい　脳科学で心のコリをほぐす本』（マガジンハウス）です。

僕は好きな本を何度も読み返すのですが、その中でも最も多く読み返している本です。

書かれていることを大ざっぱに表現すれば、自己啓発や自己研さんに一生懸命になっている自分を客観視して、「何をそんなに意識高い系をきどって、ムキになっているの？」と見つめ直す本です。

本書の「ウェルビーイング」の節で、ウェルビーイングデーを設けて「自己研さんを続けている自分は本当に偉い！」と自分を褒める話をしました。

このとき同時に、「頑張って偉い！偉いんだけど一言だけ言わせて！何をそんなにムキになっているの？そんなことより今目の前の幸せにフォーカスしたら？」とあざ笑うもう一人の自分がいた方がいいということを教えてくれるのがこの黒川さんの本です。

心がすっと軽くなるんですね。そしてそんなふうに自分を俯瞰できている状態がウェルビーイングな状態なんだと教えてくれる本です。

本当にお薦めの、僕の人生を変えてくれた1冊です。

もし、僕の本を読んで、スキルを身につけるための努力を続けて疲れてしまったら、一旦立ち止まって自分のことを褒めてあげてください。同時に、「何をそんなにムキになっているの？」と突き放してみてください。

すると、すっと凝りが取れて、楽になれます。そして再び「よし、やるぞ！」と元気が出てきます。

もう僕の本と同時購入必須ですね！　いや、僕の本より先に読んでほしいです。（笑）

つまり、体が疲れたら時々マッサージに行って凝りをほぐしてもらうと再び元気が出るように、本書に書いてあるスキルの実践が精神面を疲れさせているな、と思ったら、自分を褒めると同時に「ムキになり過ぎだよ！まあまあ落ち着いて！」と突き放して心をほぐしてあげることも大切です。

ウェルビーイングのところで紹介したハーバード大学のアーサー教授は、幸せの3要素は、楽しさ、満足感、目的と言います。これは人間の三大栄養素（たんぱく質、炭水化物、脂質）のようにどれが欠けても駄目だそうです。

そう考えると、目的を持って本書で紹介したスキルを磨いて、時には立ち止まって、黒川さんの本を読んで「ムキになって頑張る自分をあざ笑うように楽しんで、ウェルビーイングな現実に満足」してみてはいかがでしょう。

なんで、未来のスキルを身につけようと言っている本の最後にこんな話をしているのかと言うと、本書でも紹介したようにテクノロジーが進化を続ける未来では、最も多い死因がメンタルのダメージだと予測されているからです。

だから、あなたには未来のスキルを身につけるために「頑張ってほしい」と同時に、「メンタルを病むほどには根を詰めないでくださいね」と伝えておきたかったんです。

これが本書の最後のメッセージです。

それでは一緒に、明るい未来を切り開いて行きましょう！

20番目のシークレットスキル

本書では19のスキルを紹介しましたが、まえがきでお伝えしたとおり、実はもう一つ紹介したいシークレットスキルがあります。

このスキルももちろん紹介した19個のスキルと同じぐらい未来を生き抜くために大切なのですが、文字で伝えるとページ数も膨大になるし、これまでの19のスキルとちょっと違って伝わりにくいスキルなので、出版社の日経ＢＰさんにお願いして本書の最後に動画で伝えさせていただくことにしました。この20番目のシークレットスキル動画は、必ず本書を読み終えた後でご覧ください。

こちらのＱＲコードからアクセスできます。

執筆を終えて

初めての本の出版ということで、何も分からない状態からのスタートでした。構成から、書き方まで、手取り足取りご協力いただいた執筆協力の地蔵さん、編集者の松山さんには本当に感謝しています。そして本書のデザインや制作、製本に携わってくれたスタッフの方々にもお礼申し上げます。

そして、日々僕を支えてくれる妻と3人の子供たちにも感謝です。家族の協力があったおかげで、本を出版するという、また一つ僕の人生の夢がかないました。

そして最後に、本書を手にしてくれたあなたにお礼を言わせてください。著名人でもない僕の本を、お金を払ってまで読んでくれる、これって普通に考えて奇跡だと思うんです。本当にありがとうございます。

本書のどれか1つのスキルでいいので、あなたの人生が変わるきっかけになれば幸いです。

テクノロジー・フューチャリスト　友村 晋

著者プロフィール

友村 晋（ともむら しん）

株式会社ミジンコ　代表取締役
上級SNSエキスパート
日本ディープラーニング協会認定　AIジェネラリスト
全日本SEO協会認定　WEB集客コンサルタント
1979年福岡県宗像市生まれ広島県呉市育ち。YouTube「2030年の未来予測チャンネル」主宰。テクノロジー・フューチャリスト、DX推進コンサルタント、WEB集客コンサルタント。米国シアトルのAmazon Goをはじめ、あらゆる最新テクノロジーを自ら体験し、その体験をベースとした独自の未来予測で講演活動中。地元の広島県呉市では子供向け未来塾「未来スクール」を運営中。

2030 未来のビジネススキル19

2023年9月4日　第1版第1刷発行

著　　者　友村 晋
執筆協力　地蔵 重樹
発 行 者　森重 和春
発　　行　株式会社日経BP
発　　売　株式会社日経BPマーケティング
〒105-8308
東京都港区虎ノ門4-3-12
装　　丁　bookwall
制　　作　マップス
編　　集　松山 貴之
印刷・製本　図書印刷

Printed in Japan
ISBN978-4-296-20269-0